بسم الله الرحمن الرحيم

الاختبارات والمقاييس
النفسية

المملكة الأردنية الهاشمية
رقم الإيداع لدى دائرة المكتبة الوطنية
(2010/8/2877)

155.28

الخطيب، محمد أحمد.
الاختبارات والمقاييس النفسية/ محمد أحمد الخطيب، أحمد حامد الخطيب - عمان : دار ومكتبة الحامد للنشر والتوزيع، 2010 .
(   ) ص .
ر. إ. : (2010/8/2877) .
الواصفات :الاختبارات النفسية//التحليل النفسي

*يتحمل المؤلف كامل المسؤولية القانونية عن محتوى مصنفه ولا يعبّر هذا المصنف عن رأي دائرة المكتبة الوطنية أو أي جهة حكومية أخرى.

❖ أعدت دائرة المكتبة الوطنية بيانات الفهرسة والتصنيف الأولية .

* (ردمك) ISBN 978-9957-32-544-2

دار الحامد للنشر والتوزيع

شفا بدران - شارع العرب مقابل جامعة العلوم التطبيقية

هاتف: 5231081 -00962 فاكس : 5235594 -00962

ص.ب . (366) الرمز البريدي : (11941) عمان - الأردن

Site : www.daralhamed.net E-mail : info@daralhamed.net

E-mail : daralhamed@yahoo.com E-mail : dar_alhamed@hotmail.com

الاختبارات والمقاييس النفسية

أحمد حامد الخطيب
ماجستير التربية

د. محمد أحمد الخطيب
دكتوراة المناهج وأساليب التدريس

الطبعة الأولى
2011م

دار الحامد

الإهــــــــداء

أهدي هذا الكتاب إلى زوجتي الغالية التي وفرت لي كل الظروف الجيدة التي ساعدتني على البحث وعلى الكتابة وإلى أبنائي وبناتي وأحفادي جميعهم ليسيروا على الدرب وإلى كل مخلص في عمله حيث ما كان موقعه.

المحتويات

المقدمة

تعتبر الاختبارات النفسية من أهم الوسائل التي يستخدمها الأخصائي النفسي في عمله.

لقد استهوى موضوع الاختبارات النفسية الباحثان منذ عام (2000) ومن خـلال تدريسـهما لمـادة طرق دراسة الطفل لطلبة كليات المجتمع. وقد دفعهما هذا إلى إعداد هذا الكتاب وسـماه " زاد المعلـم في الاختبارات النفسية " آملين أن يفيد منه المهتمون بالاختبارات النفسية ودراسة الطفل...

يتضمن هذا الكتاب أربعة فصول هي:

الفصل الأول: لمحة تاريخية عن تطور الاختبارات النفسية، أهدافها، أهميتها، خصائصها، مزاياها.

الفصل الثاني: بناء الاختبارات النفسية

الفصل الثالث: نماذج من الاختبارات النفسية

الفصل الرابع: الاختبارات النفسية في الوطن العربي

وقد وضع لكل فصل الأهداف التي يتوقع من الدارس أن يكون قد اكتسبها كما وضع في نهاية كـل فصل بعض الأسئلة التقويمية.

أملين أن نكون قد وفقنا في هذا الجهد.

أحمد الخطيب

د. محمد الخطيب

الفصل الأول

لمحة تاريخية عن تطور

الاختبارات النفسية

- الأهداف العامة لاختبارات النفسية

- أهمية الاختبارات النفسية

- المجالات التي تطبق فيها الاختبارات النفسية

- تصنيف الاختبارات النفسية

- خصائص الاختبارات النفسية:

    1- الصدق

    2- الثبات

    3- التقنين

    4- المعايير

    5- الموضوعية

- العوامل المؤثرة في الاختبارات النفسية

- مزايا الاختبارات النفسية

- أوجه القصور في الاختبارات النفسية

الأهـــــــــداف

يتوقع من الدارس لهذا الفصل أن يكون بعد دراسته قادراً على أن:

1- يتعرف إلى كيفية تطور الاختبارات النفسية.

2- يذكر الأهداف العامة للاختبارات النفسية.

3- يبين أهمية الاختبارات النفسية.

4- يعدد المجالات التي تطبق فيها الاختبارات النفسية.

5- يتعرف إلى أساليب تصنيف الاختبارات النفسية.

6- يذكر خصائص الاختبارات النفسية.

7- يعدد طرق حساب الثبات.

8- يتعرف إلى الخصائص التي يجب أن تتوفر في الاختبار للحصول على معامل ثبـات عال.

9- يعرف أنواع المعايير.

10- يذكر العوامل المؤثرة في نتائج الاختبارات النفسية.

11- يذكر مزايا الاختبارات النفسية.

12- يذكر أوجه القصور (المآخذ) في الاختبارات النفسية.

الفصل الأول

لمحة تاريخية عن تطور الاختبارات النفسيـــــة

كان لظهور العيادات النفسية الأثر البالغ في ظهور الاختبارات النفسية وانتشارها حيث اشتركت

مع المؤسسات الصناعية والتربوية في طرح الأسئلة التالية:

- كيف نكتشف قدرات الأفراد وإمكانياتهم؟

- كيف نقيس التدهور العقلي؟

- كيف نقيس الشخصية بمختلف دينامياتها؟

- كيف يمكن تقييم مختلف عوامل الشخصية؟

- كيف نحدد للأفراد طريقة تربوية خاصة؟

- كيف يتم اختيار الأفراد وتوجيههم بشكل فعّال؟

إن الاختبارات النفسية هي التي تجيب عن كل هذه الأسئلة ويعرّف (جيلفـورد) الاختبار النفسي-

بأنه (أداة لفحص عينة من سلوك الفرد في موقف مقنن).

فالاختبار النفسي هو مقياس موضوعي مقنن لعينة من السلوك يـتم اختيارهـا بدقـة بحيـث تمثل

السلوك المراد اختياره تمثيلاً دقيقاً. ويطلب من المفحوص القيام بعمل معين في هـذا الموقف، ثـم تقـدر

النتيجة على أساس صحة الاستجابة ومقدارها.

يستخدم الأخصائي النفسي- الاختبارات لتقدير إمكانيات الفرد وفي التشخيص والتنبـؤ والتوجيـه

والإرشاد النفسي، ويمكن الإفادة منها في دراسة مجال واسع من السـلوك البشري للحصول علـى معلومـات

هامة عن شخصية الفرد.

مما سبق يتبين ان الاختبارات النفسية ظهرت نتيجة للتفاعـل الـذي حـدث بـين حاجـت المجتمـع

ومطالبه وقد انتشرت في معظم بلاد العالم منذ انشأ فونـت (Wondt) أول معمل لعلـم الـنفس التجريبي

عام 1879 في مدينة ليبزج الألمانية وكان يهدف

فونت وتلامذته إلى الوصول إلى أوصاف أو قوانين عامة للسلوك البشري، وقد أسهمت محاولاتهم أسهاما كبيراً في تشجيع حركة القياس. ذلك أن تلك التجارب تطلبت استخدام مجموعة من الاختبارات التي ركزت على الظواهر الحسية البسيطة وكانت تلك الاختبارات بمثابة اللبنة الأولى أو المؤشر الأول لظهور حركة القياس ومهدت السبيل لظهور الاختبارات المقننة والتي تعتبر الإنجاز الأكبر من إنجازات هذه الحركة.

جاء بعد فونت فرانسيس جالتون (Francis Galton) عالم البيولوجيا الإنجليزي الشهير (1822- 1911) الذي اهتم بدراسة الوراثة عند الإنسان وقام بعدة دراسات حول الصفات المختلفة عند التوائم والأقارب والأشخاص غير المرتبطين بالمفحوص وبهذا اكتشف بدقة درجة تشابه الذرية أو الإخوة والأخوات وأولاد وبنات العم أو الخال أو التوائم(Twins).

وفي سنة (1882) أنشأ معملاً لعلم الإنسان القياسي وفيه تمكن من قياس حدة البصر والسمع والقوة العضلية وزمن الرجع ووظائف حسية حركية بسيطة أخرى. وقد جمع أول وأضخم مجموعة من البيانات عن الفروق الفردية في العمليات النفسية البسيطة. وصمم بنفسه في معمله اختبارات بسيطة طبقها ويطبقها البعض أما في صورتها الأصلية أو المعدلة، ومن الأمثلة على اختباراته عمود جالتون (Galton Bar) للتمييز البصري للأطوال وصفارة جالتون (Galton Whistle) لتحديد أعلى نبرة في السمع، وبعض اختبارات التمييز الحسي كوسائل لقياس ذكاء الفرد.

وكان جالتون أيضا سباقاً في تطبيق مقاييس التقدير(Rating Scales) واستخدام منهج التداعي الحر (Free Assoclation) وله جهد كبير في تطوير الطرق الإحصائية لتحليل البيانات عن الفروق الفردية، وقد عمل تلاميذه من بعده على دفع ما بدأه أستاذهم إلى الأمام وكان من أشهرهم كارل بيرسون (Karl Person).

وفي الولايات المتحدة الأمريكية أسهمت أعمال وجهود عالم النفس الأمريكي جيمس ماكين كاتل (James Mckeen Cattlle) (1860-1944) اسهاماً كبيراً في تطوير حركة القياس النفسي وعلم النفس التجريبي. وقد تتلمذ كاتل على يد (فونت) في ألمانيا وعمل في جامعة (كمبردج) في بريطانيا مما أدى إلى نشوء علاقة بينه وبين(جالتون).

كان كاتل أول من استخدم مصطلح الاختبار العقلي (Mental Test) عام(1890) وأشار إلى أن الوظائف العقلية يمكن أن تقاس عن طريق اختبارات التمييز الحسي وزمن الرجع (Reaction time).

يعد كاتل بحق مؤسس حركة التجريب والقياس النفسي في الولايات المتحدة الامريكية وزعيمها الأول وقد أخذ عنه تلميذه كارل بيرسون الشيء الكثير.

ومن تلاميذ كاتل ادوارد ثورندايك وهو أول من استخدم القياس الإحصائي في مجال التعليم حيث انطلق من المبدأ الذي يقول (إن ما يوجد يوجد بمقدار وما يوجد بمقدار يمكن قياسه).

ويقول لورد كلفن (Kelvin) (1824- 1907) (إذا كنت تستطيع أن تقيس ما تتكلم عنه وأن تعبر عنه أيضاً برقم فإنك بهذا تعرف شيئاً عن موضوعك وإلا فإن معلوماتك ذات نوع قصير وهزيل وقليل جداً ماهي معلومات مرضية).

وفي نهاية القرن التاسع عشر بذلت جهود لقياس وظائف أكثر تعقيداً في اختبارات القراءة والتداعي اللفظي والذاكرة والحساب البسيط وفي سنة (1893)، دعا جاسترو (Jastrow) إلى القيام باختبارات للعمليات الحركية والحسية والادراكية البسيطة وإلى الاهتمام بالمعايير (Norms) وفي هذا القرن أيضا بدأ الاهتمام بتصنيف وتدريب ضعاف العقول. وقد ظهرت الحاجة الماسة إلى اختبار لتشخيص وتصنيف حالات الضعف العقلي وقد بدا سكيرول (Esquirol) طبيب فرنسي سنة(1838) بتقسيم الضعف العقلي إلى مستويات ثلاثة تبدأ بالعته.

أما سيجون (Seguin) طبيب فرنسي فهو رائد تدريب ضعاف العقول وقد أنشأ سـنة (1837) أول مدرسة لضعاف العقول من الأطفال وقد ساهم في اختبارات ذكاء الأداء (Perfrormance).

وفي سنة (1895) أشار (بينيه) إلى الحاجة إلى إعداد اختبارات للعمليات العقلية الأكثر تعقيداً مـن العمليات الحسية – الحركية.

يعتبر الفرد بينيه (Alfred Binet) أول من بنى مقياساً عملياً للذكاء وذلك حينما كلـف مـن قبـل سلطات التعليم في باريس بإيجاد طريقة لتمييز القاصرين عقلياً من الطلبة، إذ لوحظ وجود عدد كبير من طلبة مدارس باريس مقصرين.

عمل بينيه مع زميله سيمون عشر سنوات لحل هذه المعضلة وفي سنة(1905) نشرا مقياسهما المكون من ثلاثين اختباراً، وأعيد النظر في مقياسهما عام (1908) وعام (1911) وأجرى له تعديل عام (1916) في جامعة ستانفورد وعرف المقياس باسم ستانفورد – بينيه وقد قام علماء كثيرون بتطويره. ساعدت محاولات بينيه على ظهور وتطور وصياغة العديد من الاختبارات (الذكاء، القدرات الخاصة، الاستعدادات، الميول والاتجاهات والقيم والتحصيل).

أما اختبارات الذكاء الجمعية فقد كانت بدايتها مع بدء الحرب العالمية الأولى حيث تكونت لجنـة عسكرية مؤلفـة مـن (يركيـز Yarkes وآرثـر اوتـس (Arther Atis) وعملـت علـى ظهـور اختبـارات الـذكاء العسكرية ألفا وبيتا (Army Alpha- Army Beta) لفرز المجندين وانتقاء القادة ورج+ال المهمات الخاصة.

أما اختبارات الاستعداد فقد كان للحرب العالمية الأثر الكبير في ظهورها حيث نشر العالم سيشور (Seashore) نتائج أعماله عن الموهبة الموسيقية.

وفي عام (1922) قدم فريد (Fred) اختباراً للميول المهنية وجاء بعده اختبار سترونج للميـول (Strong Vocational Test) عام (1927). وفي عام (1942) توصل كودر (Kuder) لاختبار الميول المهنية الـذي يستخدم في العيادات للتوجيه الفني والمهني والتربوي. وفي عام (1923) استطاع العالم (ستنكويست) من

التوصل إلى عدد كبير من المقاييس المرتبطة بالقدرة الميكانيكية (Mechanical Ablity).

وفي عام (1928) أصدر جيزل مقاييس واختبارات خاصة بنمو الأطفال في مجالات أربعة هي:

- الحركي
- التكيفي
- اللغوي
- السلوك الشخصي الاجتماعي

وتطبق على الصغار من عمر أربعة أسابيع وحتى ست سنوات.

وكان لمنهج التحليل العاملي دور لا يستهان به في تطور اختبارات الذكاء فظهر اتجاه التحليل العاملي (Factor Analysis) على يد العالم (سبيرمان). ثم ظهرت فكرة العوامل الطائفية (Group Factors) على يد العالم (تومسون) ومفهوم الوصلات العقلية(Mental Bonds). وقد تمكن ثرستون(Thurston) من تطوير التحليل العاملي واكتشاف العديد من القدرات العقلية الأولية كالقدرة العددية والقدرة اللفظية وفهم معاني الألفاظ والتذكر والاستدلال بنوعيه الاستقرائي والاستنباطي والعلاقات المكانية والسرعة الادراكية.

أما العالم جيلفورد فقد قرر وجود (120) عاملاً كقدرات عقلية عديدة. أما (بياجيه) فقد جاء باختباره النمائي الجديد للذكاء وتقييم قدرات الطلبة وبرزت مفاهيم جديدة عن القدرات العقلية على يد (انستازي وآيزنك) وأصحاب اتجاه قياس الموجات الدماغية أمثال (جان آرتيل).

وفي عام (1938) جاءت محاولات وكسلر - بيلفيو لتصميم اختبارات لقياس ذكاء الأطفال والكبار

Wechster children Intelligence Scale

Wecheler Adults Intelligence Scale

أما بالنسبة لقياس الشخصية فقد ظهرت المقاييس التالية:

1- مقياس للعصاب (Neurosis) صممه العالم ود ورث (Wood Worth) ظهر عام (1918) وقد سماه (Prsonal Data Sheet).

2- اختبار بريسي (Pressey) وقد ظهر عام (1921) لقياس الانفعالات.

3- في عام (1924) أصدر مارتسون (Martson) اختباراته عن الانبساط والانطواء.

4 – في عام (1931) درس (البورت وفرنون) القيم الشخصية: كالقيم الجمالية والاقتصادية والدينية والسياسية والاجتماعية والنظرية.

ثم جاء اختبار (مانيسوتا) المتعدد الوجوه واختبار (كورنيل وبيل) وغيرها.

أما الاختبارات الاسقاطية فقد استهدفت الكشف على ما وراء السلوك الظاهر من دوافع ونزعات وخبرات وأنماط واستجابات وقد بدأت على يد العالم جالتون(Galton) في اختبار وسائل تداعي الكلمات والتي استخدمها العالمان (بلير ويونج) عام (1905).

أما اختبار رورشاخ (Rorshcach) فيعتبر قمة هذه الاختبارات في تحليل بقع الحبر وقد نشره عام (1921).

وفي عام (1935) أصدر (مورجان وموربي) اختبار تفهم الموضوع (Thematic Apperception Test) واطلق عليه اسم (T. A. T) وأصبح بجانب اختبار الرورشاخ من أبرز الاختبارات الاسقاطية، ثم جاء اختبار استكمال الجمل وتداعي الكلمات ورسم الرجل وغيرها.

وقد ازدادت أهمية الاختبارات النفسية في العصر الحاضر حيث بدأت الدول على شتى المستويات الفيدرالية والإقليمية والدولية بالاهتمام بأولوية (الصحة النفسية) وقد انبثق عن هيئة الأمم المتحدة عدة مؤسسات للاهتمام بكيان الإنسان وحياته حاضراً ومستقبلاً.

وقد أشار العالم آبت(Abt) (إلى أن علم النفس بدأ يتجه لوضع مفاهيمه وفروضه في صورة قابلة للاختبار والفحص (Testable) متمشياً مع أدق الأساليب المنهجية العلمية).

* الأهداف العامة للاختبارات النفسية:

1- التعرف إلى قدرات الفرد الخاصة وذكائه العام واستعداداته ومواهبه وميوله واتجاهاته وذلك من أجل تصنيفه إلى مجموعات متجانسة أو من أجل توجيهه إلى الأعمال التي تتناسب مع قدراته.

2- أنها تستخدم في ميدان التوجيه التربوي وذلك من أجل توجيه الطلبة إلى أنواع التعليم المختلفة التي تتوافق وما لديهم من قدرات واستعدادات.

3- تفيد في عمليات التوجيه المهني حيث تتاح للفرد فرصة تحقيق أكبر قدر من الإنتاج والتكيف.

4- يستفاد من الاختبارات النفسية في عملية التنبؤ والتشخيص ومن هذه العملية يتقرر العلاج الملائم.

* أهمية الاختبارات النفسية:

إن استخدام الاختبارات النفسية بدأ عندما اهتم الأخصائيون النفسيون بقياس الذكاء بهدف تحديد الأطفال المعوقين أو المتخلفين عقليا ووضعهم في فصول خاصة ورعايتهم بما يتلاءم مع قدراتهم العقلية. وتبرز أهمية الاختبارات النفسية فيما يلي:

1- القياس النفسي هو أداة للحصول على عينة من سلوك الفرد في موقف معين وبذلك يمكن جمع بيانات عن هذا السلوك في أسلوب منظم وهذه البيانات لن يكون لها قيمة إذا اقتصرت دلالاتها على السلوك في الموقف المعين دون إمكانية التنبؤ عن سلوك الفرد.

2- تمدنا الاختبارات بمعطيات قد لا يكون المفحوص واعياً بها أو غير قادر على التعبير عنها.

3- تقييد البيانات الكمية والنوعية في تحديد درجة الفرد أو مستواه العقلي بالنسبة للمجموعة التي ينتمي إليها كما أنها تسمح للفاحص في تحديد الإطار المرجعي للمفحوص ومعرفة قدراته وحاجاته وأهدافه.

4- تعتبر الاختبارات بأنواعها المختلفة والمتنوعة من أهم الأدوات المستخدمة في علم النفس للتوصل إلى فهم أعمق ومعرفة أكثر شمولاً لشخصية الفرد

ويمكن تحديد دور الاختبارات في الأهداف التالية:

1- تقييم قدرات الفرد وإمكانياته من حيث ذكائه العام وقدراته العقلية الخاصة (اختبارات الذكاء).

2- كشف الجوانب المختلفة من شخصية الفرد مشاعره وأفكاره ورغباته واتجاهاته (اختبارات الشخصية).

3- تقييم ديناميات السلوك لدى الفرد وكشف الدوافع الواعية أو اللاواعية التي تحرك هذا السلوك (الاسقاطية).

4- تشخيص الاضطراب أو المرض النفسي- أو العقلي الذي يعاني منه الفرد. ((فالتشخيص (Diagnostic) هو التقييم العلمي الشامل لحالة الفرد من حيث قدراته وإمكانياته والمشكلات التي يواجهها ويعاني منها)). ويهيء التشخيص الطرق والأهداف لتخطيط برنامج علاجي شامل كما يتضمن التشخيص التنبؤ والافتراضات المتوقعة للحالة المعينة.

* المجالات التي تطبق فيها الاختبارات النفسية:

هناك عدة مجالات تطبق فيها الاختبارات النفسية وهذه المجالات هي:

1- المجال التربوي:

تطبق الاختبارات في هذا المجال لخدمة التوجيه التربوي وذلك لقياس قدرات الطلبة وميولهم واستعداداتهم الدراسية المختلفة. ويمكن للإدارة التعليمية أن تعتمد على هذا الأساس في توزيع الطلبة على أنواع التعليم التي تتناسب وقدراتهم واستعداداتهم وميولهم وذكائهم العام. وهذا يؤدي إلى حسن تكيف الطالب وشعوره بالارتياح وتجنبه الشعور بالفشل والإحباط ويستطيع المعلم أن يطبق كثيراً من الاختبارات والمقاييس النفسية والتربوية المختلفة بحيث يتمكن من تقسيم طلبته إلى مجموعات متجانسة ومن تطبيق طرق مختلفة في التدريس تتناسب مع مستوى كل مجموعة.

كما وتستخدم الاختبارات النفسية لتقويم أعمال الطلبة وتحصيلهم ولمعرفة أثر أساليب التدريس التي يستخدمها المعلم ولمعرفة العوامل التي تؤثر في عملية التحصيل مثل الذكاء أو التكيف النفسي- أو الاتزان الانفعالي أو الظروف الأسرية أو الظروف الصحية.

2- المجال المهني:

تطبق الاختبارات النفسية المختلفة في:

أ- التوجيه المهني للفرد إلى نوع من المهن التي يمكن أن يحصل فيها على اكبر قدر من النجاح والتقدم. ويقوم هذا التوجيه على أساس دراسة شخصية الفرد باستخدام كثير من الوسائل كالاختبارات والمقابلات الشخصية بحيث نحصل على صورة حقيقية وشاملة لشخصية الفرد.

ب- الاختبار المهني لشغل وظيفة ما.

ج- التدريب المهني وفيه يستخدم القياس لتحديد الأشخاص لنوع معين من التدريب.

د- التأهيل المهني ويهدف إلى تدريب الأفراد على الأعمال التي تناسب قدراتهم ومواهبهم واستعداداتهم وتشير (آنا انستازي) إلى أن استعمال الاختبارات اتسع مجاله وتجاوز مجال التوجيه المهني ليكون أساساً في عملية الإرشاد بالمعنى الشامل.

3- المجال العيادي:

تستخدم الاختبارات النفسية في المستشفيات والعيادات النفسية لمعرفة نوع الاضطرابات والأمراض النفسية التي يعاني منها المريض ومن ثم يمكن رسم خطط العلاج.

وإلى جانب فائدة الاختبارات النفسية في المجالات العيادية فإن هذه الاختبارات تطبق أيضا لقياس الضعف العقلي أولتصنيف الأفراد إلى مجموعات متجانسة. ومما لا شك فيه أن محاولة الكشف عن حالات التخلف والضعف العقلي من العوامل المهمة في ظهور اختبارات الذكاء وتطورها، هذا بالإضافة إلى أن اختبارات الذكاء تكشف عن المتفوقين عقليا أو الموهوبين وعن المتوسطين أو الأسوياء. وعموماً يمكن القول: إن الاختبارات النفسية بمجموعها هي مصدر هام من مصادر المعلومات عن الفرد. وهذه المعلومات يصعب الحصول عليها بوسائل أخرى، سواء فيما يتصل بأدائه العقلي أم بتكيفه وسلوكه الاجتماعي وشخصيته ككل.

* تصنيف الاختبارات النفسية:

يمكن أن تصنف الاختبارات النفسية بأكثر من أسلوب ومنها:

أ- الاختبارات الفردية (Individual Tests) مقابل الاختبارات الجماعية:

(Group Tests)

أما بالنسبة للاختبارات الفردية فإنها تمكن الفاحص من مراقبة أداء المفحوص على الاختبار ورصد حركاته وعاداته واتجاهاته وانفعالاته. أما الاختبارات الجماعية فإنها تقيس المهارات المختلفة وأنواع الأداء السلوكي والأنشطة العقلية المتنوعة ومن نماذج الاختبارات الجماعية اختبار ألفا اللفظي للجيش الأمريكي واختبار بيتا غير اللفظي وتمتاز الاختبارات الجماعية بالمزايا التالية:

أ- يقل دور الفاحص فيها عنه في الاختبارات الفردية.

ب- وجود مفاتيح لتصحيحها يسهل على غير المتخصصين استخدامها تحت إشراف المتخصص.

أما المآخذ عليها فهي:

1- لا توفر مراعاة ظروف المفحوص من ناحية المرض والتوتر والتعب.

2- أنها تفترض فهم المفحوصين للتعليمات وهذا لا يتحقق احياناً.

ب- الاختبارات اللفظية Verbal Tests في مقابل الاختبارات غير اللفظية

Non verbal Tests

تستعين الاختبارات اللفظية باللغة في صياغة بنودها. وتوضيح تعليماتها ومن أمثلة هذه الاختبارات:

1- اختبار المعلومات — Information Test

2- اختبار الفهم — Comprehension Test

3- اختبار اللغة — Language Test

Vocabulary Test	اختبار المفردات	4-
Arithmetic Test	اختبار الحساب	5-
Analogies Test	اختبار المتشابهات	6-

أما الاختبارات غير اللفظية يكتفى فيها بالصور والأشكال الهندسية أو النقط أو المكعبات وتستعمل لقياس ذكاء وقدرات الصغار والأميين والأجانب الذين لا يعرفون اللغة والصم والبكم ومن هذه الاختبارات:

Absurdities test	اختبار السخافات	1-
Healy Puzzle	متاهة هيلي	2-
Manikin test	اختبار المانيكان	3-
Ship test	اختبار الباخرة	4-

وقد تكون الاختبارات اللفظية شفهية وقد تكون كتابية (تحريرية).

ج- اختبارات السرعه والدقة في مقابل اختبارات الأداء النمطي أو الأداء العادي التلقائي الذي يصدر عن الفرد تلقائيا في المواقف العادية:

أما كرونباخ فقد صنف الاختبارات النفسية إلى صنفين رئيسين هما:

1. اختبار أقصى الأداء: وفيها يطلب من المفحوص تقديم أفضل أو أجود ما لديه للحصول على أعلى درجة وتستعمل للكشف عن أقصى الأداء الذي يمكن أن يصل إليه وتتضمن هذه الفئة اختبارات القدرات والاستعدادات المختلفة ومن أمثلتها اختبارات القدرة العقلية العامة واختبارات القدرات الخاصة.

2. اختبارات الأداء النمطي أو الأداء العادي: وتستخدم هذه الاختبارات لمعرفة ما يحتمل أن يفعله الشخص في موقف معين وليس لمعرفة ما يستطيع أن يفعله وتهتم هذه الاختبارات برصد السمات أو الخصائص السلوكية كما هي عليه. ويمكن تصنيف اختبارات الأداء النمطي إلى فئتين هما:

▪ أدوات الملاحظة وتقوم على ملاحظة الفاحص لسلوك الفرد.

■ تقنيات التقرير الذاتي وتهدف إلى الحصول على معلومات معينه عن الفرد من الفرد ذاته بصورة مباشرة.

وهناك تصنيفات أخرى عديدة للاختبارات النفسية منها:

أ- تصنيف الاختبارات النفسية انطلاقاً من شروط إجرائها ومن هذه الشروط:

1. هل يطبق الاختبار على المفحوصين بشكل فردي أو جماعي.
2. هل يعبر المفحوص عن نفسه شفاها أو كتابة أو بالأداء.
3. هل الاختبار اختبار قوة أو اختبار سرعة وذلك لتحديد الزمن المعطى للاختبار.

ب- تصنيف الاختبارات انطلاقاً من مستوى التحديد في المهمات والإجابات:

من الاختبارات ما يضم أسئلة محددة وتتطلب من المفحوص إعطاء إجابات محددة ومنها ما يضم أسئلة عامة وغير محددة.

وهناك عدة شروط يجب مراعاتها عند استخدام الاختبارات النفسية وهي:-

1. يجب أن تتفق الاختبارات النفسية مع الهدف الذي تستخدم لأجله.
2. يجب أن لا تستخدم نتائج اختبار معين للدلالة على غير ما تقيسه فالميل لا يدل على القدرة.
3. يجب على الاخصائي ان لا يعمم من نتائج الاختبارات النفسية أكثر مما تسمح له المعلومات المرتبطة بهذه الاختبارات.
4. يجب عدم الاعتماد على الاختبارات النفسية وحدها في التقويم.

* خصائص الاختبارات النفسية:

لكي يكون الاختبار النفسي مقياساً علمياً يجب أن تتوفر فيه الخصائص التالية:

أولاً- الصدق في الاختبارات النفسية:

يقصد بصدق الاختبار أن يقيس الاختبار الصفة أو السمة التي قصد به قياسها، ويذكر (كرونباخ) نوعين للصدق هما:

أ- الصدق المنطقي ويقصد به مضمون بنود الاختبار.

ب- الصدق التجريبي ويقاس بمقارنة الاختبار المراد تحديد درجة صدقه بنتائج مقياس آخر ثبت صدقه.

ويحدد العالم فريمان (Freaman 1962) في كتابه الشهير (النظرية والتطبيق في القياس النفسي-) سبعة أنواع من أنواع الصدق هي:

1- **الصدق الإجرائي** ويقصد به أن المهام المطلوبة في أداء الاختبار ملائمة لقياس وتقويم أنشطة نفسية محددة، ويطلق عليه أيضا الصدق التنبؤي لأنه إذا لم تقس الظواهر النفسية أو المعلومات قياساً دقيقاً إجرائيا فان التنبؤ بالأداء سوف يتأثر تبعا لذلك وعلى سبيل المثال فإن مقاييس سيشور للموهبة الموسيقية هي مقاييس لجوانب سمعية أساسية للموهبة الموسيقية ولكن ليست كل مظاهر الموهبة الموسيقية فهي تتضمن أكثر من ذلك من الوجهة النفسية وحيث أن مقاييس سيشور تميز تمييزاً صادقا بين الأشخاص بالنظر إلى عمليات سمعية معينة فإنها صادقة إجرائيا.... ومن ناحية أخرى فإن هذه المقاييس صادقة من حيث التنبؤ إلى المدى الذي تكون فيه قادرة لاستكشاف نمو تال بدرجات متعددة من المهارة والكفاءة في المظاهر الموسيقية المختلفة.

2- **الصدق السطحي (المظهري)** ويستخدم هذا المصطلح لوصف مادة الاختبار التي يبدو أنها تقيس ما يرغب مصمم الاختبار قياسه.

3- **صدق المحتوى (المضمون)** ويعتمد صدق المحتوى على إجراءات إحصائية أهمها:

أ- تحديد أي البنود تميز أفضل تمييز بين ذوي المستويات العليا والدنيا في الأداء.

ب- تحديد النسب المئوية لإجابة كل بند إجابة صحيحة.

ج- تحديد الدلالة الإحصائية لزيادة متوسط الدرجات من صف دراسي لآخر

د- تحديد معامل ارتباط كل بند بالتقدم التعليمي والتحصيل المدرسي.

4- **الصدق العاملي:** ويعتمد هذا النوع على التحليل العاملي الإحصائي.

5- **الصدق التكويني:** يعتمد على درجة تمثيل بنود المقياس للسمات المختبرة.

6- **الصدق التلازمي،** ويدل على الارتباط مع نتائج اختبار آخر.

7- **الصدق بمقارنة العينات:** ويدل على عملية تقنين اختبار بالتطبيق على عينة من المفحوصين غير التي قنن عليها أصلاً.

وهناك عدة عوامل يمكن أن تؤثر في صدق الاختبار وتضعفه وقد صنف (جرونلند) هذه العوامل في الفئات التالية:

1- **عوامل في الاختبار نفسه ومنها:**

- التعليمات غير الواضحة حيث لا تشير هذه التعليمات إلى ما يجب أن يفعله التلميذ وكيف يجيب وهذا من شأنه أن يضعف الصدق.

- المفردات والتراكيب الصعبة.

- البنود الصعبة جداً أو السهلة جداً ويترتب عليها عدم التمييز بين الأقوياء والضعاف في التحصيل وهذا يضعف الصدق.

- البنود الموحية بالإجابة.

- عدد البنود.

- الغموض الذي يؤدي إلى سوء التفسير.

- ترتيب البنود بصورة غير ملائمة.

- تخصيص رمز واحد للإجابة الصحيحة كأن يجعل رمز الإجابة الصحيحة في كل بنود الاختبار الرمز (ج) مثلا وهذا يسهل اكتشافه ويؤدي إلى إضعاف الصدق.

2- العوامل المتصلة بشروط الإجراء والتصحيح ومنها:

أ- الشروط البيئية المحيطة كالحرارة والبرودة والضوضاء.

ب- الوقت المخصص للإجابة.

ج- أخطاء التصحيح.

د- الغش.

3- العوامل المتصلة باستجابات المفحوصين.

4- طبيعة المجموعة والمحك. إن ما يقيسه الاختبار يتأثر بعوامل عديدة كالعمر والجنس ومستوى القدرة والخلفية التربوية والثقافية. ومن الضروري في تقويم معاملات الصدق مراعاة طبيعة المحل المستعمل لأنه كلما ازداد التشابه بين السلوكيات التي يقيسها الاختبار والسلوكيات التي يمثلها المحك ارتفع معامل الصدق.

ثانياً- الثبات في الاختبارات النفسية Reliability:

إن الثبات شرط ضروري أو لازم للصدق. فإذا قلنا أن المقياس يقيس ما وضع لقياسه أو أنه ينطوي على درجة عالية من الصدق يتعين علينا التأكد مما إذا كان يقيس بدقة ذلك الشيء الذي وضع لقياسه.

ويعتبر الاختبار ثابتا إذا حصلنا منه على النتائج نفسها لدى إعادة تطبيقه على الأفراد أنفسهم وفي الظروف نفسها. ويستخرج الثبات من إيجاد علاقة الارتباط بين الدرجات (العلامات) التي حصل عليها الأفراد في المرة الأولى والدرجات التي

حصلوا عليها في المرة الثانية ويطلق على النتيجة التي يتم الحصول عليها مصطلح (معامل الثبات) وهو يتراوح بين صفر وواحد حيث يعتبر الصفر أدنى معامل الثبات. أما الدرجة (1) فتمثل أعلى معامل للثبات.

إن درجات الأفراد في الاختبارات النفسية أقل ثباتاً من الاختبارات التي تتناول الظواهر الطبيعية وذلك للأسباب التالية:

1- يمكن قياس الظواهر الطبيعية بصورة مباشرة بينما يستخدم في الاختبارات النفسية والتربوية مقاييس غير مباشرة لدراسة الظواهر.إن الاختلاف بين نوعي القياس يؤثر على درجة الثبات فيكون في المقاييس والاختبارات النفسية والتربوية أقل مما هو عليه في مقاييس الظواهر الأخرى.

2- إن المقاييس المستخدمة في دراسة (الظواهر الطبيعية) تتصف بدرجة عالية من الدقة بينما المقاييس النفسية والتربوية تتصف بشيء من عدم الدقة ولهذا تؤثر دقة المقياس على درجة الثبات.

3- إن خصائص الظواهر الطبيعية التي يراد قياسها تتصف بالثبات بدرجة أعلى من خصائص الظواهر النفسية.

طرق حساب الثبات:

1- **طريقة التجزئة النصفية:** يكثر استخدام هذه الطريقة في البحوث النفسية والتربوية وتعتمد أساساً على تقسيم عبارات (فقرات) المقياس إلى قسمين وحساب معامل الارتباط بين إجابات الأفراد (المفحوصين) عن هذين القسمين.

إن طريقة التجزئة النصفية ذات فائدة في الاختبارات التي تكون فيها الأسئلة أو العبارات متجانسة. ومن ميزات هذه الطريقة أنها أقل كلفة في الجهد والوقت لأنها لا تتطلب إعادة تطبيق الاختبار.

2- **طريقة إعادة الاختبار:** تتضمن هذه الطريقة تطبيق الاختبار على عينة ممثلة من الأفراد ثم إعادة تطبيق الاختبار على العينة نفسها مرة أخرى بعد مرور

فترة مناسبة من الوقت، ثم يحسب معامل الارتباط بين الدرجات التي حصل عليها أفراد العينة في المرة الأولى والثانية.

ومن المآخذ على هذه الطريقة أن الدرجات التي يحصل عليها الأفراد في المرة الثانية من تطبيق الاختبار تكون أعلى بقليل من درجاتهم في التطبيق الأول وذلك بسبب ألفة المفحوص بالاختبار وتذكره لإجاباته في التطبيق الأول كما تتأثر إجابات المفحوص في الاختبارين (الأول والثاني) بعوامل عديدة كالصحة العامة والدافعية للإجابة عن الاختبار والظروف البيئية المحيطة به.

3- طريقة الصور المتكافئة: يعطى المفحوص في اليوم نفسه صورتين من الاختبار نفسه بحيث تكون كل صورة مكافئة للأخرى وتساويها من حيث محتوى الاختبار والمتوسط والانحراف المعياري ومن المآخذ على هذه الطريقة صعوبة إعداد صورتين متكافئتين.

4- المزج بين طريقتي الصور المتكافئة وإعادة الاختبار: وتجمع هذه الطريقة بين مزايا الطريقتين.

وهناك بعض الخصائص التي يجب أن تتوفر في الاختبار للحصول على معامل ثبات عال وهي:

أ. عدد فقرات الاختبار: يمكن الحصول على معامل ثبات عال بزيادة عدد فقرات الاختبار ويظهر الجدول الآتي أن معامل الثبات يزداد بازدياد عدد فقرات الاختبار.

ب. تجانس فقرات الاختبار: يزداد معامل الثبات كلما كانت فقرات الاختبار متجانسة (تقيس خاصية واحدة أو موضوعاً واحداً).

ج. صعوبة فقرات الاختبار: يزداد معامل ثبات الاختبار كلما كانت فقراته معتدلة الصعوبة.

د. تمييز الفقرات: يزداد معامل الثبات كلما كانت فقرات الاختبار ذات تمييز عال أي قادرة على التفريق بين الأفراد في الخاصية التي يقيسها الاختبار.

جدول يبين العلاقة بين طول الاختبار وثباته

عدد العبارات (الفقرات)	الثبات
10	0,33
20	0,50
40	0,67
80	0,80
160	0,89
320	0,94
640	0,97

هـ تجانس الأفراد: أن تجانس الأفراد يؤدي إلى انخفاض معامل الثبات وحتى يتم الحصول على ثبات عال فإنه من الضروري أن تكون عينة الأفراد التي يطبق عليها الاختبار متباينة في الظاهرة التي يقيسها الاختبار.

و. نوعية البدائل: يتأثر معامل الثبات بنوع بدائل الفقرة فإذا كانت بدائل الفقرة من نوع الاختيار من متعدد يكون معامل الثبات لمثل هذا النوع من الاختبارات أقل مما لو استخدمنا اختبار تكملة الجمل.

ز. موضوعيه التصحيح: كلما كان تصحيح إجابات المفحوصين على الاختبار موضوعياً كلما أدى ذلك إلى زيادة الثبات والعكس صحيح.

ثالثاً- التقنين:

إن الاختبار المقنن هو اختبار قد حددت إجراءات تطبيقه وأجهزته وتصحيحه بحيث يصبح من الممكن إعطاء الاختبار نفسه في أوقات وأماكن مختلفة.

إن الخطوة الأساسية الأولى في تقنين الاختبارات النفسية قد جرت عام(1905) ومعظم الاختبارات النفسية المنشورة في هذه الأيام مقننة تقنينا جيداً.

وعندما يكون التقنين في تمام الفاعلية فإن المفحوص يحصل على نفس الدرجة تقريباً إذا أعيد عليه الاختبار بغض النظر عن من يجري الاختبار.

رابعاً- المعايير Norms:

إن مصطلح المعيار غالباً ما يستخدم في القياس النفسي لكي يشير إلى متوسط درجات جماعة معينه من الأفراد على أحد الاختبارات النفسية، ويطلق على هذه الجماعة من الأفراد اسم (الجماعة المعيارية) Norm Group والمعيار ضروري في الاختبار النفسي- أو التحصيلي لأن درجة الفرد التي يحصل عليها في الاختبار (الدرجة الخام) ليس لها معنى بحد ذاتها ولا تصلح للمقارنة مع درجته في اختبارات أخرى أو مع درجة شخص آخر على الاختبار نفسه أو على اختبارات أخرى إلا بواسطة المعايير فالمعايير مهمة لأنها تخبرنا عن كيفية أداء الآخرين على الاختبار فتوفر بذلك أساساً للمقارنة.

إن المعيار يخبرنا عن الأداء الحقيقي للأفراد على الاختبار ولكي تكون معايير الاختبارات دقيقة فإنها يجب أن تقوم على أساس درجات عينات كبيرة وممثلة من الأشخاص الذين بني الاختبار لأجلهم وأن تكون شروط تطبيق الاختبار عليهم موحدة وأن تكون إجابتهم على الاختبار إجابة جدية.

أنواع المعايير:

1- المعيار الصفي Grade Norm:

يستخدم هذا المعيار بشكل واسع في تفسير درجات الأفراد في الاختبارات وخاصة التحصيلية. والمعيار الصفي لأية درجة ما هو إلا المستوى الذي يمثله متوسط تحصيل الطلبة في ذلك الصف.

2- المعيار العمري Age Norm:

يمكن حساب معايير العمر بالطريقة نفسها التي تحسب فيها المعايير الصفية إذ يعطى الاختبار الذي يراد تقنينه إلى مجموعة كبيرة جداً من الأفراد يتمثل فيها الأعمار المختلفة تمثيلاً جيداً ثم يحسب المتوسط لكل عمر. إن المعيار لأي عمر من الأعمار هو متوسط درجات أفراد ذلك العمر في ألصفه السلوكية المراد قياسها.

3- الرتب المئينية Percentage Ranks:

تدل الرتبة المئينية على النسبة المئوية مـن الـدرجات في التوزيـع التكـراري التـي تقـع دون درجـة معينة. فاذا كانت الدرجة (130) في اختبار لقياس الدافعية نحو الإنجاز تقابل المئيني (90) درجة فإن هـذا يعني أن صاحب هذه الدرجة (130) يقع دونه 90% من زملائه. وتستخدم المئينات كمعايير علـى نطـاق واسع وقيمتها العلمية كبيرة.

4- الدرجة القياسية Standard Score:

تعرف الدرجة القياسية إحصائيا بأنها درجـة الفـرد مطروحـاً منهـا متوسـط مجموعتـه ويقسـم الناتج على الانحراف المعياري عن ذلك المتوسط وتتراوح قيمتهـا بـين (+ 3) و(- 3) ويقـع المتوسـط بـين هاتين القيمتين ويعطى صفراً كما فـي الرسم التالي:

ا ا ا ا_____ا ا ا_____ا ا ا×ا ا ا ا_____ا ا

3 -   2 -   1 -   صفر   1+   2+   3+

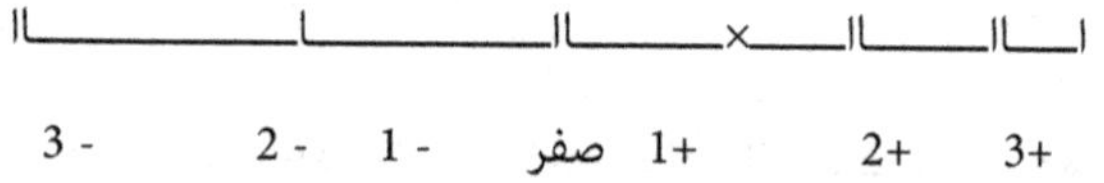

وعند تحويل الدرجة الخام التي حصل عليها الفرد في الاختبار إلى درجة قياسية يتم الحصـول علـى المتوسط الحسابي لدرجات الطلبة ثم يستخرج الانحراف المعياري لدرجات الطلبة التي ينتمي إليهم الفرد ثم يقسم الفرق بين درجته وبين المتوسط على الانحراف المعياري ويعبر عن ذلك بالمعادلة التالية:

الدرجة القياسية =   <u>الدرجة الخام- المتوسط</u>
                        الانحراف المعياري

مثال:

حصل طالب على (75) في الرياضيات فإذا كان المتوسط الحسابي للطلبة في الرياضيات (61) والانحراف المعياري (15). جد الدرجة القياسية للطالب.

$$\text{الدرجة القياسية للطالب في الرياضيات} = \frac{\mathbf{61\text{-}75}}{\mathbf{15}} = 0.93$$

ومع أن الدرجات القياسية تفضل على المئينات إلا أنها لا تخلو من العيوب وأهمها:

1- أنها لا تصلح لعملية المقارنة إلا اذا كان توزيع درجات الطلبة اعتدالياً أو قريبا من الاعتدالي.

2- أنها لا تخلو من الدرجات السالبة التي قد لا يفهمها إلا الخبير بها.

3- كثيراً ما تحتوي الدرجات القياسية على كسور عشرية مما يعوق إجراء عملية المقارنة بسرعة وسهولة.

إن العاملين في القياس النفسي لا يكتفون بهذه المعايير وإنما يلجأون إلى وضع معاييرهم الخاصة التي على الفرد أن يجتازها لكي يعتبر ناجحاً في تلك الخاصية التي يقيسها الاختبار بناء على متطلبات المهمة التي يراد انتقاء الأفراد لها. ويطلق عليها (المعايير المرجعية).

خامساً- الموضوعية Objectivity:

يقصد بالموضوعية في الاختبارات النفسية أن تكون عمليات تطبيق الاختبار وتصحيحه وتفسير درجاته مستقلة عن الحكم الشخصي للفاحص، وبهذا تصبح البيانات التي يتم الحصول عليها من الاختبار مستقلة عن ذاتية الفاحص سواء من حيث طرق الحصول عليها أو تقويمها وتفسيرها. ان الاختبارات التي يختار فيها المفحوصون البديل الصحيح من بين عدة بدائل يطلق عليها الاختبارات الموضوعية

لأن بإمكان المصححين كلهم استخدام مفتاح التصحيح والاتفاق على النتائج اتفاقاً كاملاً.

الجوانب التطبيقية في الاختبارات النفسية واستخدامها:

يعتمد الاختبار النفسي الجيد على التصميم مع استمرار إجراء البحوث عليه لتزداد قيمته العملية وفيما يلي الجوانب الهامة التي ينبغي مراعاتها عند تصميم الاختبارات النفسية وتطبيقها: [1]

1- ماهي طبيعة القدرة التي يقيسها الاختبار؟ هل هي بسيطة أم مركبة. وفي حالة القدرة البسيطة فإن اختباراً واحداً كافياً لقياسها كالقدرة العددية. أما القدرة المركبة فإنه ينبغي استخدام بطارية اختبارات كالقدرة العقلية العامة.

2- أفضل الاختبارات هو ما يمكننا من التنبؤ الفارق خاصة في مجال التشخيص النفسي.

3- ضرورة ملاءمة الاختبار على من يطبق عليهم من المفحوصين (عينة التقنين) وهنا تبدو أهمية المعايير والأوزان والمئينات وما تتأثر به من عوامل كالسن والجنس والتعليم والمهن والمستويات الاجتماعية والاقتصادية.

4- ينبغي الاهتمام بنتائج الاختبار وأغراض استخدامه ومعرفة هل هي نهائية قاطعة يترتب عليها تحديدات حاسمة للمفحوصين كما في حالة التشخيص الفارق أو اختبار أسلوب للعلاج أو توجيه المفحوص لدراسة أو عمل. وهنا يفضل الاستعانة باختبارات أو أساليب أخرى لاتخاذ القرار.

[1] الدكتور عطية محمود هنا ورفيقه، علم النفس الاكلينيكي - الجزء الأول، التشخيص النفسي دار النهضة العربية - القاهرة، 1976، ص: 205.

5- يراعى أيضاً زمن التطبيق وطول الاختبار ونوع التطبيق الفردي أو الجمعي وصعوبة البنود وطريقة التصحيح والوسائل المستخدمة في التفسير وصفحات الإجابة وتهيئة ظروف التطبيق بحيث تساعد على إظهار قدرات المفحوصين وخصائصهم بأفضل صورة.

* العوامل المؤثرة في نتائج الاختبارات النفسية:

من الضروري مراعاة العوامل التي تؤثر في إجراءات تطبيق الاختبارات النفسية والتي تؤثر في نتائجها وهذه العوامل هي:

1- شخصية المفحوص: إن الإجابة عن الاختبار النفسي والتي تعتبر عينة من السلوك تتأثر بالفرد الذي يطبق عليه الاختبار والموقف الذي يطبق فيه الاختبار وطبيعة الاختبار ذاته.

2- والإجابة عن أسئلة الاختبار تختلف من شخص لآخر، فالبعض قد يميل إلى التخمين في الإجابة ولذلك يجيب عن معظم الأسئلة التي قد يتركها الآخرون دون إجابة والبعض الآخر قد يميل إلى الإجابة على النمو الذي يحظى بتقدير قرنائه، والبعض قد يميل إلى إنكار نواحي ضعفه والبعض الآخر يغالي في الإجابة عن أسئلة الاختبار.

3- نظرة المفحوص إلى الاختبارات النفسية: لا شك أن المفحوصين يختلفون في نظرتهم إلى الاختبارات النفسية التي تجرى عليهم، هل يرون أنها ستستخدم ضدهم؟ أم أنها وسيلة لمساعدتهم؟ وإذا تمكن الفاحص من تحديد موقف المفحوص من الاختبارات النفسية التي تطبق عليه فإن هذا قد يفسر الكثير من شخصيته.

4- العوامل التي تؤثر على استجابات المفحوصين على الاختبارات وهذه العوامل قد درسها ماسلنج (Masling) وهي:

أ. العوامل التي ترجع إلى طريقه تطبيق الاختبار.

ب. العوامل التي ترجع إلى حالة المفحوص في موقف الاختبار، مثل العوامل التي ترجع إلى عدم أخذ المفحوص القسط من الراحة أو النوم.

ج. العوامل التي ترجع إلى الاخصائي النفسي مثل مظهره العام أو تقبله للمفحوص.

د. العوامل التي تنشأ لدى المفحوص نفسه مثل المودة أو العداوة نحو القائم بإجراء الاختبار.

5- عوامل ترجع إلى خبرات المفحوص السابقة حيث يؤثر ماضي المفحوص وخبراته السابقة في موقفه من الاختبار.

6- ملاحظة المفحوص في أثناء الاختبار. عند ملاحظة المفحوصين في أثناء تطبيق الاختبارات النفسية توضع الجوانب التالية في الاعتبار:

أ. سلوك المفحوص: هل هو مقاوم، سلبي، متحمس, محجم؟

ب. موقف المفحوص في أثناء الاختبار: عدواني، غير مكترث، خجول، متخوف مذعور، مشتت الانتباه.

ج. استجابة المفحوص للتعليمات: سريعة، بطيئة, اندفاعية، منطقية، غيرمتسقة.

د. النشاط البدئي: قلق حركي، خمول، حركات عصبيه مثل قرض الأظافر أو اللعب بالأصابع أو اهتزازات.

هـ الكلام: وصف العيب الكلامي إن وجد، التهتهة، عيب في نطق الكلمات مع تسجيل الكلمات.

ويمكن أن نجمل العوامل المؤثرة في نتائج الاختبارات النفسية فيما يلي:

أولاً: الخصائص المتعلقة بالاختبار والموقف الذي يطبق فيه:

- محتوى الاختبار
- شكل الاختبار

- تدرج الاختبار وتتابعه.
- طريقة التطبيق أو الإجراء.
- الموقف الذي يطبق فيه الاختبار وعناصره.
- العلاقة بين الفاحص والمفحوص.

ثانياً: الخصائص المتعلقة بالمفحوص:

- أسلوب الاستجابة واتجاه المفحوص نحو الاختبار.
- الظروف الفسيولوجية النفسية مثل التعب والتوتر الانفعالي والتشتت والانتباه والتذكر.
- القدرة على فهم تعليمات الاختبار وفهم بنوده.
- المعاني الاجتماعية والثقافية للاختبار.
- خبرات المفحوص السابقة بالنسبة لمواقف الاختبارات.
- العوامل الداخلية التي تؤثر في الاختبار.

* مزايا الاختبارات النفسية: (2)

إذا استعمل الباحث الاختبارات النفسية فإنه يحقق فائدة كبرى نظراً للأسباب التالية:

- إن الاختبارات النفسية أفضل من الأساليب الأخرى لأنها تتطلب وقتا أقصر ـ ومجهوداً اقل وموضوعية أكثر.
- سهولة تبادل النتائج التي يصل إليها الاخصائي النفسي من استخدامه للاختبارات النفسية مع النتائج التي يصل اليها الاخصائيون المختلفون، فهو يستطيع أن ينقل نتائج القياس العقلي أو التحصيل الدراسي إلى غيره من الاخصائيين، كما أنه يستطيع أن يقارن بين نتائج الاختبارات المختلفة وبين النتائج التي يصل إليها الاخصائيون المختلفون.

---

(2) الدكتور عطيه محمود هنا، مرجع سابق ص: 211

- إن الاختبارات النفسية، أقل تأثراً بالانحيازات الشخصية بسبب توحيد تعليمات إجرائها ومقارنة نتائجها بمعايير ثابتة.

- إن الاختبارات النفسية، أسهل للتحليل الاحصائي، وللمقارنات الرقمية، وللتحقيق العلمي حيث يمكن مراجعة قيمة الاختبارات النفسية ودقتها، وذلك على العكس من الوسائل الأخرى التي يصعب تحديد مدى الدقة والخطأ فيها.

- أن الاختبارات النفسية اقتصادية أكثر من بديلاتها، فهي توفر الكثير من وقت الاخصائي ومن مجهوده.

* أوجه القصور في الاختبارات النفسية: [1]

هناك نقاط ضعف عديدة تواجه بناء الاختبارات النفسية، وبصورة خاصة اختبارات الشخصية والميول، وقد دفع هذا السبب المعنيين بشؤون القياس النفسي إلى الاهتمام بالاختبارات الاسقاطية لتعويض القصور الذي تعاني منه الاختبارات النفسية.

وفيما يلي أوجه القصور في الاختبارات النفسية (غير الأسقاطية):

1. التزييف في الإجابة من قبل المفحوص فهو قد ينفي وجود الصفة أو التقليل منها إذا كانت سلبية، وقد يبالغ في وجودها لديه إذا كانت ايجابية، لذلك فإن الإجابة يحتمل أن لا تنطبق انطباقاً حقيقيا على السلوك الفعلي للمفحوص، وقد تنبه المعنيون بشؤون القياس النفسي إلى ذلك وعالجوا مسألة التزييف بالأساليب الآتية:

أ. أدخلوا بعض الفقرات التي لا يمكن أن تنطبق على أحد مثل: أنا لم أتشاجر مع أحد طيلة عمري، أنا لا يمكن أن أغضب من أحد.

---

[1] عطوفة محمود ياسين، علم النفس العادي، الطبعة الثانية، دار العلم للملايين، بيروت 1981ص 696.

فإذا كانت إجابة المفحوص بأن مثل هاتين العبارتين تنطبقان عليه فإن إجابته تستبعد كلها لأنه فيها مبالغة وتزييف.

ب. تكرار بعض فقرات الاختبار مرة أخرى في الاختبار نفسه وعندما يحصل تناقض في إجابة الفرد على الفقرات المتكررة تستبعد إجابته.

2. الدافعية للإجابة: أظهرت التجارب أن إجابات الأفراد في بعض الأحيان تتسم باللامبالاة خاصة إذا لم تتوفر الدافعية لديهم، وإذا كان الاختبار طويلاً يبعث على الملل.

3. تقدير قوة الفقرات: هناك تباين بين الخبراء في تقدير قوة الفقرة، فقد تنال بعض الفقرات درجة أعلى أو أدنى مما تستحق وهذا يؤثر على دقة المقياس في قياس الظاهرة النفسية التي يريد قياسها.

4. تفسير النتائج: يختلف الباحثون في تفسير النتائج، التي يتوصلون إليها من تطبيق الاختبار، والسبب هو الاختلاف في المدرسة النفسية التي ينتسبون إليها، ويؤدي الاختلاف في تفسير أسباب الظاهرة النفسية إلى أن يركز بعض الباحثين على بعض العوامل المسببة للظاهرة، وإعطائها وزناً أكبر، بينما يركز بعضهم الآخر على عوامل أخرى.

أسئلة على الفصل الأول

1. تتبع التطور التاريخي للاختبارات النفسية.

2. ما هي الأهداف العامة للاختبارات النفسية؟

3. تبرز أهمية الاختبارات النفسية في عدة أمور، أذكر أربعة منها

4. تطبق الاختبارات النفسية في عدة مجالات، اذكر هذه المجالات

5. هناك عدة شروط يجب مراعاتها عند استخدام الاختبارات النفسية اذكر هذه الشروط؟

6. ما هي خصائص الاختبارات النفسية؟

7. اذكر خمسة من العوامل التي تؤثر في صدق الاختبار والمتعلقة بالاختبار نفسه.

8. أن درجات الأفراد في الاختبارات النفسية أقل ثباتاً من الاختبارات التي تتناول الظواهر الطبيعية، اذكر أسباب ذلك؟

9. لحساب الثبات عدة طرق، اذكر هذه الطرق؟

10. ما هي الخصائص التي يجب أن تتوفر في الاختبارات للحصول على معامل ثبات عال؟

11. للمعايير عدة أنواع، اذكر هذه الأنواع؟

12. ما هي العوامل المؤثرة في نتائج الاختبارات النفسية؟

13. ما هي مزايا الاختبارات النفسية؟

14. ما هي أوجه القصور (المآخذ) في الاختبارات النفسية؟

الفصل الثاني

بناء الاختبارات النفسية

1- تحديد أهداف الاختبار

2- تحديد محتوى الاختبار

3- جمع فقرات الاختبار

4- وضع تعليمات الاختبار

5- شروط تطبيق الاختبار

6- تحليل الفقـــرات

7- قياس صدق الاختبار وثباته

8- اشتقاق المعاييــــر

الأهــــــــداف

يتوقع من الدارس لهذا الفصل أن يكون بعد دراسته قادراً على أن:

1- يعدد خطوات بناء الاختبار النفسي.

2- يذكر العوامل التي تؤثر في تحديد عدد فقرات الاختبار.

3- يذكر القواعد التي يجب مراعاتها في أثناء صياغة فقرات الاختبار.

4- يذكر القواعد التي ُتتبع في وضع تعليمات الاختبار.

5- يتعرف إلى شروط تطبيق الاختبار.

6- يـذكر الاعتبـارات التـي يجـب عـلى الأخصـائي النفسيـ مراعاتهـا في أثنـاء التصحيح وتفسير النتائج.

الفصل الثانـي

بناء الاختبارات النفسيــة

من تنوع الاختبارات، وبالرغم من أن لكل نوع من أنواعها خصوصيته فـي التصـميم، فإن هنـاك خطوات رئيسه يمكن استخدامها بشكل عام في بناء الاختبارات النفسية (باستثناء البعض منهـا) وفيما يلي خطوات بناء الاختبارات:

أولاً- تحديد الأهداف:

أن بناء الاختبار يتطلب تحديد الأهداف، والأهمية النسبية لكل هدف، وعـلى مصـمم الاختبار أن يحدد المقصود بالظاهرة النفسية التي يرغب في بناء اختبار لقياسها ثم يقوم بعد ذلك بصياغة الأهـداف التي يريد للاختبار أن يحققها.

ثانياً- تحديد محتوى الاختبار:

إن هذه الخطوة مهمة في بناء الاختبارات، لأنها هي الأساس الذي تبنى عليه فقرات الاختبار، وهي أيضا المجال الذي تشتق منه.

ثالثاً- جمع فقرات الاختبار :

يقوم مصمم الاختبار النفسي بعدة أساليب، للحصول عـلى الفقرات اللازمة لبناء اختبـاره، ومـن الوسائل المهمة في الحصول على الفقرات اللجوء إلى عينة صغيرة مـن مجتمـع الدراسـة والطلـب إلـيهم أن يكتبوا عن الخاصية النفسية التي يراد للاختبار أن يقيسها.

وقد تجمع فقرات الاختبار، من الدراسات السابقة التي عالجـت الموضـوع نفسـه أو مـن المصـادر العلمية التي تناولت الموضوع، أو عن طريق دراسة الحالة ومن أجل بناء فقرات الاختبار، على المصمم أن يتوصل إلى إجابات عن الأسئلة التالية قبل البدء بكتابه فقرات الاختبار.

وهذه الأسئلة هي:

- ما هو مقدار الأهمية النسبية لكل جانب من جوانب المحتوى ولكل هـدف في الاختبار؟ أو (ما مقدار نسبة الفقرات التي توضع لكل جانب من المحتوى ولكل هدف؟).
- ما هو أفضل أنواع الفقرات صلاحية للاستخدام في الاختبار؟
- ما طول الاختبار اللازم (كم عدد فقراته)؟
- ما هي الإجراءات التي تتبع في تصحيح فقرات الاختبار؟

عطوفة محمود ياسين، علم النفس العادي، الطبعـة الثانيـة، دار العلـم للملايين، بـيروت 1981ص696.أما بالنسبة لنوع الفقرات المستخدمة في الاختبار، فإن هناك أنواع مختلفة من الفقـرات حسب نـوع الاختبار ففي اختبارات الشخصية والاتجاهات والميول، تكون الفقرات من النوع الـذي توضـع لـه مـوازين تقدير متدرجة ثنائية (نعم، لا) أو ثلاثية (نادراً، أحيانا، كثيراً) أو خماسية (أوافق تمامـاً، أوافق إلى حد مـا، لا أستطيع أبداء الرأي، لا أوافق، لا أوافق أبـداً).

ويطلب من المفحوص (العميل) أو من المجيب أن يختار الفقرة التي تنطبق عليه أكثر من الأخرى.

أما اختبارات الاستعداد فتتضمن أنواعاً عديدة من الفقرات بعضها لفظي، وبعضها الآخر مصور، أو هندسي أو عملي، أما في الاختبارات التحصيلية هناك نوعان رئيسيان مـن الفقـرات هـما: الأسئلة المقاليـة والأسئلة الموضوعية بأنواعها المتعددة.

أما بالنسبة لتحديد عدد فقرات الاختبار، فهناك عوامل كثيرة تؤثر في تحديد فقرات الاختبار منها:

1. الوقت: يعتبر الوقت عاملاً مهما في تحديد فقرات الاختبار.

2. نمط الفقرات المستخدمة في الاختبار: تتطلب الفقرات التي يجاب عنها، إجابات إنشائية مـن قبل الطالب وقتاً أطول من فقرات الصواب والخطأ، أو فقـرات الاختبـار المتعـدد التي يطلب فيها مـن المفحوص أن يؤشر فقط على إحدى البدائل.

3. عمر المفحوص ومستواه الثقافي: فالطلبة الذين لا تزال قدراتهم القرائية والكتابية في دور النمو، يحتاجون إلى وقت أكثر للإجابة عن الفقرة، من الطلبة في المراحل الدراسية الأخرى.

4. مستوى قدرة المجيب، يتمكن الطلبة الذين يكون مستواهم الإدراكي العام أوسع من الإجابة عن الفقرات بوقت أسرع ممن هم أقل منهم قدرة.

5. **مدى قدرة المفحوص في الإجابة لفترة طويلة دون تعب.**

6. **طول الفقرة:** تكون الإجابة عن فقرات الاختبار القصيرة والواضحة أسرع مما لو كانت الفقرات طويلة.

7. **المفهوم الذي يقيسه الاختبار:** فالاختبار الذي يقيس سمة واحدة تكون الإجابة عنه بصورة أسرع من الاختبار الذي يتضمن قياس عدة سمات وكذلك الاختبار التحصيلي الذي يقيس تذكر المعرفة التي درسها الطالب يمكن الإجابة عنها بصورة أسرع من الاختبار الذي يقيس الفهم والاستيعاب.

أما بالنسبة لكتابة فقرات الاختبار، فإنها تتطلب من مصمم الاختبار القدرة اللغوية والفنية على صياغة الفقرات ويطلب منه كذلك مراعاة القواعد التالية في صياغة الفقرات. وهذه القواعد هي: [1]

- أن يكون محتوى الفقرة واضحاً وصريحا ومباشراً.
- الابتعاد عن التعبير اللغوي المعقد والمربك في الفقرة.
- أن تحتوي الفقرة على المتطلبات الضرورية التي تساعد المجيب على انتقاء الإجابة المناسبة لها.
- أن تثير المجيب بحيث تدفعه إلى الإجابة بشكل صريح.

---

[1] عبد الجليل إبراهيم الزوبعي وأخرون، الاختبارات والمقاييس النفسية،جامعة الموصل،العرى ص: 69.

- يفضل عدم استخدام الفقرات الطويلة.
- تجنب نفي النفي في الفقرات مثل (السل ليس مرضاً غير معد).
- يجب أن تحتوي الفقرة على فكرة واحدة فقط.
- أن تكون بدائل الفقرة قصيرة قدر الإمكان.

رابعاً- وضع تعليمات الاختبار

هناك بعض القواعد التي تتبع في وضع التعليمات وهي:

أ- أن تكون سهلة الفهم من قبل المفحوص.

ب-أن تؤكد التعليمات على ضرورة الالتزام بما ورد فيها بدقة.

ج- يفضل قبل تطبيق فقرات الاختبار أن يفسح الوقت الكافي أمام المجيبين لقراءة التعليمات.

د- يفضل وضع أمثلة تبين للمجيب (المفحوص) كيفية الإجابة عنها قبل البدء بتطبيق الاختبار.

هـ- يجب أن تسمح التعليمات للمفحوص بتقديم الأسئلة وعندما يجيب مطبق الاختبار عليها، فإن عليه ألاّ يضيف شيئا إلى الأفكار الواردة في التعليمات.

خامساً- شروط تطبيق الاختبار:

أ- مراعاة الظروف المادية المحيطة بأداء الاختبار مثل: التهوية والاضاءة والمكان المريح.

ب- مراعاة الظروف النفسية والتأكد من أن المفحوص ليس مرهقا أو مريضاً.

ج- مراعاة الوقت الأنسب للتطبيق.

د- إثارة دافعية المجيب.

هـ- تهيئة المجيب للموقف الاختباري.

سادساً- تحليل الفقرات Item Analysis

يتضمن تحليل الفقرات عملية فحص أو اختبار استجابات الأفراد عن كل فقرة من فقرات الاختبار، والكشف عن مستوى صعوبة الفقرة، وقوة تمييز الفقرة، وفعالية البدائل في فقرات الاختبار.

إن الغاية من حساب صعوبة الفقرة، هو اختبار الفقرات وان الصعوبة المناسبة وحذف الفقرات السهلة جداً والصعبة جداً. وبعد أن يتم حساب صعوبة كل فقرة من الفقرات، يقوم مصمم الاختبار بترتيب الفقرات في الاختبار حسب صعوبتها من السهلة إلى الصعبة. أما بالنسبة لتمييز الفقرات، فكلما كان تمييز الفقرة أعلى كلما كانت أفضل ويمكن توضيح ذلك كما يلي:

تقييم الفقـرات	دليل التمييز
فقرات جيدة جداً	0.40 - فأعلى
جيدة	0.30- 0.39
فقرات متوسطة تحتاج إلى تحسين	0.20- 0.29
فقرات ضعيفة تحذف	0.19 - وأقل

سابعاً- قياس صدق الاختبار وثباته:

في هذه المرحلة يتم الحكم على مدى فائدة الاختبار للأغراض التي وضع لأجلها وهذا ما يطلق عليه مفهوم " الصدق " أما إذا حصلنا على النتائج نفسها عند إعادة تطبيق الاختبار على الأفراد أنفسهم فإن الاختبار يتصف بالثبات.

ثامنا- اشتقاق معايير (Norms):

المعيار ضروري في الاختبار النفسي أو التحصيلي لأن درجـة الفـرد التي يحصـل عليهـا في الاختبـار. (الدرجة الخام) ليس لها معنى تجد ذاتها ولا تصلح للمقارنة مـع درجتـه في اختبـارات أخـرى ألا بواسطة المعايير.

ويؤكد (جار فيلـد) (Garfield , 1957) أن أخصائي القيـاس النفسي- هـو قبـل كـل شيء عـالم نفسي- يحتفظ بولائه لعلم النفس ويلتزم بقيمه الأساسية ومنها القيم المرتبطة بالبحث العلمي.

إن تدريب الأخصائي النفسي يجب أن يكتمل في مجالات تطبيق الاختبارات والتشخيص والتعاون في العلاج أو الإرشاد النفسي وهو يتعاون مع فريق العمل العادي لتطوير البرامج العلاجية التي تعتمد على تفسير وتحليل البيانات والمعطيات

إن المؤهل لاستخدام الاختبارات النفسية هو الـذي يجمـع بـين دوره بوصـفه عالمـاً ودوره بوصـفه ممارساً عيادياً. والممارسة العيادية مهما كان نوعها لها خصائصها المميزة. فهي مهنة إنسانية قبـل كـل شيء تتعامل مع إنسان (المفحوص) في بعديه الذاتي والموضوعي ولهذا الإنسان تاريخه الشخصي- الـذي يتشابك فيه ماضيه وحاضره ومستقبله.

وخلاصة القول انه يجب أن يعد الأخصائي النفسي إعداداً مكثفا، في الجانبين النظري والعملي، حتى يستطيع أن يمارس عمله بشكل متقن، ويجب أن يتضمن برنامج الأعداد ما يلي:

أ- دراسة علم النفس العام.

ب- دراسة الشخصية.

ج- دراسة دينامية السلوك.

د- دراسة طرق تطبيق الاختبارات وتفسيرها.

هـ- دراسة طرق التشخيص.

و- دراسة أساليب التوجيه والإرشاد النفسي.

أما الأدوات التي يستخدمها الأخصائي للتعرف على قدرات الفرد وإمكانياته فهي:

1- الاختبارات النفسية، وتعتبر من أهم الأدوات في الكشف عن سلوك الفرد، أو أدائه في مواقف معينة.

2- المقابلة، وتعتبر من الأدوات الضرورية ليفهم الفرد عن قرب، وإدراك مشاعره واتجاهاته نحو المواقف التي يواجهها، وتجاه العالم المحيط به. إن المقابلة عندما تستخدم بطريقه إيجابية فإنها تقدم للأخصائي النفسي معطيات هامة وعميقة الدلالة.

3- دراسة الحالة، إن دراسة الحالة أداة قيمة تكشف للأخصائي وقائع حياة شخص معين منذ ميلاده حتى الوقت الحاضر.

وهناك عدة اعتبارات هامة على الأخصائي النفسي مراعاتها في أثناء التصحيح وتفسير النتائج منها:

1- الانتباه لإمكانية التحيز المقصودة وغير المقصودة. قد يتدخل عامل التحيز أحيانا نتيجة ميول واتجاهات وقيم الاخصائي النفسي تجاه طائفة معينة أو تجاه جنس معين أو منطقة معينة 0إذ غالبا ما يؤدي إلى رفع الدرجة أو انخفاضها انطلاقا من الحكم المسبق الذي كونه عن المفحوص للمرة الأولى.

2- هناك أيضا عامل التعب والإرهاق والتسرع في إعطاء الدرجات لذلك على الفاحص (الاخصائي النفسي) أن يراجع حساباته أكثر من مرة للتأكد من صحتها.

3- على الفاحص (الاخصائي النفسي) أن يفسر النتائج من خلال الحالة العامة للمفحوص، الجسدية والنفسية والمزاجية.

4- لا يجوز الاستناد إلى نتيجة اختبار واحد للحكم على المفحوص.

بعد دراسة المفحوص من خلال الأساليب التي استخدمها الاخصائي النفسي تأتي المرحلة النهائية وهي كتابة التقرير عن المفحوص0وهناك بعض الاعتبارات التي يجب الالتزام بها في إعداد التقرير وهي:

1- **محتوى التقرير:** يجب أن يشتمل على وصف المفحوص، (المريض) تاريخه حياته، ومشكلته،....الخ).

2- **أسلوب التقرير:** يسجل الاخصائي استجابات المريض وكل ما يصدر عنه من كلمات وحركات وتغييرات انفعالية في إطار كلي منسق.

ويطلب من الاخصائي (الفاحص) أن يقدم في نهاية تقريره تشخيصاً ملخصاً عن شخصية المفحوص وتوصيات عن طرق الإفادة من نتائج المفحوص والتشخيص وذلك بأسلوب علمي دقيق.

أسئلة على الفصل الثاني

1- هناك عدة خطوات لبناء الاختبارات النفسية، اذكر هذه الخطوات؟

2- اذكر خمسة من العوامل التي تؤثر في تحديد عدد فقرات الاختبار؟

3- يطلب من مصمم الاختبار مراعاة مجموعة من القواعد في أثناء صياغة فقرات الاختبار، اذكر خمسة منها؟

4- هناك بعض القواعد التي تتبع في وضع تعليمات الاختبار، أذكرها؟

5- على الاخصائي النفسي مراعاة عدة اعتبارات في أثناء التصحيح وتفسير النتائج، اذكر هذه الاعتبارات؟

6- ما هي شروط تطبيق الاختبار؟

الفصل الثالث

نماذج من الاختبارات والمقاييس النفسية

أ- اختبارات الذكاء العام

ب- اختبارات قياس الشخصية

ج- اختبار الميول والاتجاهات

د- الاختبارات الاسقاطية

هـ- اختبارات القدرات الخاصة

و- اختبارت الابتكار

ز- الاختبارات التحصيلية

الأهـــداف

يتوقع من الدارس لهذا الفصل أن يكون بعد دراسته قادراً على أن:

- يذكر أنواع الاختبارات النفسية.

- يعدد أنواع اختبارات الذكاء العام.

- يتعرف إلى كيفية نشأة اختبار ستانفورد بينيه.

- يتعرف إلى محتوى اختبار ستانفورد – بينيه.

- يذكر مزايا اختبار ستانفورد – بينيه.

- يعرف الافتراضات المعتمدة في تصميم مقياس وكسلر للذكاء.

- يتعرف إلى أقسام مقياس وكسلر ومحتويات كل قسم.

- يذكر الخطوات التي اتبعها بياجيه لجمع المعلومات.

- يذكر أنواع الاختبارات لقياس الشخصية.

- يذكر المحاولات التي تمت لدراسة شخصية الإنسان.

- يذكر أنواع اختبارات الميول والاتجاهات.

- يذكر أنواع الاختبارات الاسقاطية.

- يذكر أنواع اختبارات القدرات الخاصة.

- يتعرف إلى خصائص كل نوع من أنواع الاختبارات التحصيلية.

الفصـل الثالـث

نماذج من الاختبارات والمقاييس النفسية

النموذج الأول: اختبارات الذكاء العام

توجد فئة من الاختبارات النفسية تسمى اختبارات الـذكاء العـام وتتميـز هـذه الاختبارات بأنها تستخدم في مواقف متنوعة.

* أهداف تطبيق اختبارات الذكاء:

يحدد جار فيلد (Gar field – 1957) الأهداف الرئيسية لتطبيق اختبارات الذكاء المقننة وهي:

أ- تقدير المستوى العقلي العام، وهو أكثر الأهداف أهمية بفـرض بيان نسبة الـذكاء أو العمـر العقلي، ويترتب على تحديد القدرة العقلية العامة جوانب تطبيقيـة متعـددة تهـم المفحـوص، كـأن يوجـه دراسياً أو مهنيا أو لتحديد مستوى التخلف العقلي ومـدى استعداده لأنـواع العـلاج المختلفـة وأسـلوب التعامل معه في العلاج والإرشاد والتوجيه.

ب- دلالات القدرات الخاصة وحدودها: توضـح اختبارات الـذكاء نوعيـة القدرات الخاصـة التـي يتميز بها المفحوص كالقدرة اللغوية أو الحسابية أو الاستدلال وغيرها، كما يحدد مدى تمكن المفحوص من كل منها.

ج- دلالات اضطرابات الشخصية. وتظهر مـن الأداء غـير المنـتظم للمفحـوص كالفشـل في البنـود السهلة والنجاح في البنود الأكثر صعوبة، والاستجابة الغريبة غير المعتادة. كما تظهر بعض الجوانب الأخـرى مثل ضعف الذاكرة أو فقدانها أو صعوبة القراءة وفقدان القدرة على الكلام.

د- ملاحظة سلوك المفحوص في موقف مقنن خاصة إذا طلب الاخصائي النفسيـ بعـض إيضـاحات عن أداء المفحوص في موقف الاختبار وهذا يساعد على فهم المفحوص.

ومن اختبارات الذكاء العام:

أولاً- اختبار ستانفورد – بينيه Stanford – Binet Test

أ- الافتراضات المعتمدة في تصميم مقياس بينيه:

طرح بينيه مجموعة من الافتراضات (الأسس) التي ارتكز عليها مقياسه وهي:

- أن الذكاء قدرة عقلية عامة ذات طبيعة تركيبية معقدة، يظهر تأثيرها في مدى واسع جداً من أنماط النشاط العقلي.
- أن القدرة العقلية العامة تنمو بنمو الإنسان وتطوره من الطفولة إلى المراهقة والشباب ولذلك تدرجت اختباراته من النشاط الحسي الحركي حتى التفكير المجرد.
- أن القدرة العقلية تتوزع في الفئات العمرية المختلفة توزيعاً سوياً يمكن معه اعتبار متوسط أداء كل فئة عمرية معياراً للنمو العقلي لهذه الفئة.
- أن مقياس الذكاء يجب أن يتضمن تشكيلة واسعة من الأسئلة أو البنود الاختبارية بحيث تغطي القدرات والوظائف العقلية الأساسية جميعها.
- أن قياس العمليات العقلية العليا من الأمور الضرورية وعدم الاقتصار على العمليات الدنيا والنواحي الحسية والادراكية البسيطة. وهذا المنطلق في تصميم مقياس بينيه هو ما جعله مقياسا نفسياً وبالغ الأهمية وأدى إلى ذيوعه وانتشاره على نطاق واسع.

ب- نشأة مقياس بينيه وتطوره:

أجرى بينيه بحوثا عديدة استهدف من خلالها العثور على طريقة ملائمة لقياس الذكاء وقد تركزت جهوده في المرحلة الأولى على قياس بعض الوظائف العقلية والعمليات الحسية البسيطة مثل:

- التمييز اللمسي.

- زمن الرجع.

- القدرة على الجمع.

- القدرة على تذكر الرموز.

ورأى بينيه أن الطريقة الأفضل لقياس الذكاء تتمثل في التصدي للعمليات العقلية العليا وقياسها. ولما لاحظت وزارة المعارف الفرنسية وجود عدد كبير من طلبة مدارس باريس مقصرين كلفت بينيه وسيمون بإعداد أداة موضوعية للتمييز بين الطلبة القادرين على متابعة الدراسة والطلبة الذين تمنعهم قدرتهم العقلية العامة من متابعة الدراسة وذلك بهدف فصل هؤلاء عن زملائهم العاديين وتقديم المعونة لهم.

ظهر المقياس بصورته الأولى عام 1905 وقد تضمن ثلاثين اختباراً قصيراً هي:

- ثلاثة اختبارات لقياس النمو الحركي.

- خمسة اختبارات لقياس التذكر.

- ثمانية عشر اختباراً لقياس التفكير المعرفي.

- ثلاثة اختبارات لقياس قدرات التفكير الابتكاري.

وقد تم ترتيب هذه الاختبارات تصاعدياً حسب درجة صعوبتها، ثم طبق المقياس ككل على عينة من الأطفال الصغار بلغ عدد أفرادها خمسين طفلاً تراوحت أعمارهم بين (3- 11) سنة ومن ذوي القدرات العقلية المتوسطة استناداً إلى تقديرات معلميهم. ظهر التعديل الأول لهذا المقياس عام (1908) وتم في هذا التعديل ما يلي:

- ازداد المدى العمري للمقياس فامتد حتى (13) سنة بدلاً من (11) سنة.

- اتسعت عينة التقنين لتشمل (203) من الأطفال.

- انه خصص لكل عمر من الأعمار الزمنية مجموعة من الأسئلة التي تناسبه.

وفيما يلي أمثلة لها: [1]

اختبار سن الثالثة:

- يشير الطفل إلى الأنف والعينين والفم.
- يكرر الطفل جملة مكونة من ستة مقاطع.
- يكرر الطفل رقمين.
- يعد الطفل أشياء في صورة.
- يسمي الطفل أفراد الأسرة.

اختبار سن السادسة:

- يعرف الطفل اليمين واليسار ويشير إلى أذنيه اليمنى واليسرى
- يكرر الطفل جملة مكونة من 16 مقطعاً.
- ينفذ الطفل ثلاثة أوامر.
- يعرف الطفل عمره.
- يعرف الطفل أشياء مألوفة في الاستخدام العادي
- يعرف الطفل الصباح وبعد الظهر.

اختبار سن الحادية عشر:

- يشير الطفل إلى كلمات غير معقولة في جمل.
- يركب جملة من ثلاث كلمات معطاة له.
- يذكر الطفل أي (60) كلمة في ثلاث دقائق.

---

[1] عطية محمود هنا ورفيقه، علم النفس الإكلينيكي، الجزء الأول، التشخيص النفسي. دار النهضة العربية /القاهرة، 1976. ص239.

- يعرف كلمات مجردة مثل: اللطف – العدالة الرحمة.
- يرتب كلمات مبعثره ليكون منها جملة ذات معنى.

لقد لقي المقياس عام (1908) اهتماماً بالغاً من علماء النفس في بلجيكا وألمانيا وانجلترا وايطاليا وسويسرا وأمريكيا. أما التعديل الثاني لمقياس بنيه فقد أجري عام (1911) وتم في هذا التعديل ما يلي:

- إضافة (24) سؤالاً جديداً للمقياس، فوصل مجموع أسئلة المقياس (54) سؤالاً.
- امتد المدى العمري للمقياس ليصل إلى مستوى الرشد.
- إعادة ترتيب الكثير من الأسئلة وتوحيد عددها في كل مستوى عمري لتصبح خمسة اختبارات في كل مستوى عمري.

أما التعديل الثالث لمقياس بينيه فقد تم عام (1916) في جامعة ستانفورد الامريكية حيث أعد عالم النفس (لويس تيرمان) هذا التعديل وأشرف عليه ونشره عام (1916) باسم مقياس ستانفورد – بينيه[1].

وقد تضمن هذا التعديل إضافة عدد كبير من الأسئلة (36) للمقياس، كما تم تقنينه على عينة أمريكية ليصبح صالحاً للاستخدام في المجتمع الجديد وقد بلغ مجموع أفراد العينة (1000) طفل و(400) راشد. ومما أضفى على هذا التعديل أهميته أيضا أنه تضمن تعليمات واضحة ومفصلة لطريقة التطبيق والتصحيح وكيفية استخراج نسبة الذكاء.

وفي مصر ترجم الأستاذ إسماعيل القباني مقياس ستانفورد – بينيه لعام(1916)، إلى اللغة العربية ونشره بعد إجراء بعض التعديلات عليه عام (1938).

---

[1] المرجع السابق.

وفي عام (1937) أجرى تيرمان وميريل تعديلاً على مقياس ستانفورد – بينيه وذلك لتلافي العديد من وجوه النقص في مقياس (1916). وقد استغرق تعديل عام (1937) أكثر من عشر سنوات.

يتألف مقياس ستانفورد – بينيه لعام (1937) من صورتين متكافئتين هـما: الصـورة (ل) والصـورة (م) وهما يشيران للحرف الأول من اسمي لويس تيرمان ومود ميريل.

بلغ عدد الاختبارات في كل صورة (129) اختباراً. وتم تقنين الاختبار بصورتيه على عينـة أمريكيـة بلغ عدد أفرادها (3184) مفحوصاً تراوحت أعمارهم من سنة ونصف إلى ثمانية عشر عامـاً. واشتملت هذه العينة على عدد متساوٍ من الذكور والإناث لكل مستوى عمري.

وتم كذلك مراعاة المستويات الاقتصادية والاجتماعية للمفحوصين وتوزيعهم الجغرافي.

ومن مزايا تعديل تيرمان وميريل:

- إن المستويات العمرية من الثانية وحتى الخامسة وزعت في فئات نصـف سـنوية وبـذلك تضـمن المقياس مجموعة من الأسئلة لكل نصف سـنة للأعـمار مـن الثانيـة إلى الخامسـة مـما أعطـى مجالاً أكثر للتمييز بين الأطفال في هذه المرحلة العمرية.

- تضمن المقياس أسئلة جديدة غير لفظية تعتمد على استخدام النماذج والمكعبات وغيرها.

- إعادة صياغة تعليمات المقياس لتصبح أكثر وضوحاً ودقة.

- إن ثباته كانت درجته عالية.

- إن هذا المقياس (مقياس 37) لم يفقد أهميته حتى يومنـا هـذا وما يـزال الكثـير مـن البـاحثين يستخدم هذا المقياس خاصة الصورة (ل). وقد قام الدكتوران محمد عبد السلام احمد ولويس كامل مليكه في جمهورية مصر

العربية بترجمة هذا المقياس إلى العربية مع إجراء بعض التعديلات. وقد نشرت عام (1956).

وفي سنة (1960) تم التعديل الموحد وقد استهدف هذا التعديل اختبار أفضل الأسئلة من الصورتين (ل و م) ودمجهما في صورة واحدة هي الصورة (ل – م) وقد ترتب على ذلك حذف الأسئلة التي لم تعد صالحة أو التي لا تساير العصر، وقد اعتمدت عدة أسس لإبقاء أو حذف الفقرات ومن هذه الأسس:

- الصدق.

- السهولة والموضوعية في التصحيح.

- اعتبارات عملية كالزمن الذي يستغرقه أداء الاختبار ودرجة تشويقه للمفحوص والحاجة إلى التنويع.

هذا وقد أدخل حاصل الذكاء الانحرافي ليحل محل حاصل الذكاء التقليدي.

والمرحلة الأخيرة في تطور مقياس ستانفورد – بينيه تمثلت في إعادة تقنين الصورة الموحدة (ل – م) عام (1972). والميزة لهذا التقنين الأخير أن معايير الذكاء التي يوفرها ترتكز على عينة أحدث وأكثر تمثيلاً مقارنة مع المعايير السابقة.

ج- محتوى اختبار ستانفورد – بينيه:

1- مستوى عمر السنتين:

تتضمن بعض الاختبارات في المستويات العمرية الدنيا قدراً من التوافق البصري – الحركي ومعالجة يدوية للأشياء مثل:

أ- لوحة الثقوب الثلاثة: تعرض على الطفل لوحة تتضمن ثلاثة ثقوب تمثل هذه الثقوب شكل المربع والدائرة والمثلث ثم يعرض عليه ثلاثة أشكال هندسية تتطابق مع الثقوب ويطلب من الطفل أن يضع هذه الأشكال في أماكنها المشابهة لها في اللوحة. يحصل الطفل على درجة إذا وضع القطع الثلاث في أماكنها.

ب- تشخيص أقسام الجسم: تعرض على الطفل لعبة ورقية كبيرة ويطلب منه أن يؤشر على أقسام الجسم (ارني شعر اللعبة، ارني أذن اللعبة، أرنب أنف اللعبة....الخ) وتعطى درجة للطفل إذا أشر بصورة صحيحة على ثلاثة أقسام.

ج- بناء المكعبات: يوضع صندوق مكعبات أمام الطفل ويطلب منه أن يبني برجاً من 4 مكعبات. ويحصل الطفل على درجة إذا تمكن من ذلك.

د- أسماء الصور: يقدم إلى الطفل بطاقات عليها صورة لأشياء معروفة ويطلب منه أن يذكر اسم الشيء. ويعطى درجة للطفل إذا تمكن من أن يسمي شيئين منها على الأقل.

هـ- تركيب الكلمات: تعطى درجة للطفل إذا استعمل تركيباً يتألف من كلمتين على الأقل مثل ((أرى قطة)).

2- مستوى عمر ست سنوات:

أ- المفردات Vocabulary:

يسأل الطفل عن معاني كلمات مدونة في قائمة متدرجة تحتوي على 45 كلمة تعطى درجة للطفل إذا كانت اجابته عن خمسة منها صحيحة.

ب- الفروق (أوجه الاختلاف) Differences :

على الطفل أن يذكر الفروق بين ثلاثة أزواج من الكلمات مثل: كلب وعصفور وخشب وزجاج وحجر وحديد.... تعطى درجة للطفل إذا أجاب عن اثنين بصورة صحيحة.

ج- الصور الناقصة (الأشكال الناقصة) mutilated pictures :

يعرض على الطفل خمس صور، كل صورة فيها جزء ناقص ويسأل الطفل عن الجزء الناقص. يعطى درجة إذا أجاب (4) إجابات صحيحة.

د- مفاهيم الأعداد Number concepts :

يضع الفاحص 12 مكعباً أمام الطفل ويطلب منه أن يقدم له أعداداً مختلفة من المكعبات مثل:

أعطني 3 مكعبات، أعطني 7 مكعبات

اعطني 5 مكعبات ، أعطني 9 مكعبات

أعطني 8 مكعبات ،

تعطى درجة إذا أجاب المفحوص (4) إجابات صحيحة من بين (5) إجابات.

هـ- التناظر المضاد (المتقابلات المضادة) Opposite Analogies:

يطلب من الطفل إكمال جمل ناقصة مثل:

الطاولة تصنع من الخشب، الشباك يصنع من.............

تعطى درجة للطفل إذا أجاب ثلاث إجابات صحيحة من اربع.

و- تتبع المتاهة Maze Tracing:

يعرض على الطفل ثلاثة تصاميم يبين كل واحد منها طريقين يمكن أن يتتبعهما الطفل ليصل إلى بيت مرسوم في الصورة.إلا أن أحدهما أقصر من الآخر يطلب من الطفل أن يتبع الممر الأقصر- تعطى درجة إذا نجح الطفل في إثنين من أصل ثلاثة.

3- مستوى عمر 10 سنوات:

أ- **المفردات:** يطلب من الطفل أن يعرف كلمات من القائمة القياسية التي تتألف من 45 كلمة. تعطى درجة إذا كانت إجابات الطفل صحيحة على 11- 15 كلمة.

ب- عد المكعبات Block Counting:

يعرض على الطفل صور أكوام من المكعبات وبعض المكعبات ظاهرة فيها وبعضها الآخر مخفي تحت المكعبات الظاهرة. يسأل الطفل عن عدد المكعبات الموجودة في كل كومة. تعطى درجة إذا كانت (8) إجابات صحيحة من أصل 11 صورة.

ج- الكلمات المجردة Abstract words :

جيب الطفل عن معنى أربع كلمات حيث يقدم له السؤال. ماذا نعني بكلمة الكرم، حب الاستطلاع، الحرية، البخل، ويعطى درجة إذا كانت إجابته صحيحة على كلمتين على الأقل.

د- اكتشاف الأسباب Finding reasons :

يطلب من الطفل أن يوضح سبب وجود ظاهرة ما مثل: لماذا يجب على الأطفال أن لا يثيروا الضجيج في المدرسة؟ تعطى درجة للطفل إذا قدم سببين.

هـ- ذكر الكلمات Words naming:

يطلب من الطفل أن يذكر أكثر ما يمكنه من كلمات في دقيقتين. تعطى درجة للطفل إذا قدم (28) كلمة فأكثر.

و- إعادة قراءة ستة أرقام بعد قراءتها مرة واحدة:

مثل 3/6/1/2/8/4 يطلب من الطفل أن يعيد الأرقام في ترتيبها الصحيح. تعطى درجة للطفل إذا أعاد قراءتها بصورة صحيحة.

4- مستوى الراشد المتوسط (عمر 15 سنة):

أ- المفردات Vocabulary :

يطلب من المفحوص أن يعرف الكلمات الواردة في القائمة الموحدة القياسية تعطى له درجة إذا عرف بنجاح 20 كلمة فأكثر.

ب- الإبداع:

يقدم للمفحوص ثلاث مشكلات مثل:

ذهب شخص إلى جدول لجلب 3 لترات من الماء وكان لديه وعاء سعته (7) لترات وآخر سعته (4) لترات. كيف يمكنه الحصول على كمية الماء التي نريدها؟ تعطى درجة إذا تمكن المفحوص من الإجابة عن مشكلتين.

ج- الفروق بين الكلمات المجردة:

يطلب من المفحوص أن يعطي الفروق بين ثلاثة أزواج من الكلمات مثل: (الحرمان) و(البخل). تعطى له درجة إذا أجاب عن اثنين بصورة صحيحة.

د- الاستدلال الرياضي   Arithmetical reasoning :

يطلب من المفحوص أن يحل ثلاث مشكلات مثل: إذا كان ثمن قلمين50 قرشاً كم عدد الأقلام التي يمكن أن تشتريها ب (500) قرشا.

تعطى درجة إذا حل المفحوص مشكلتين أو أكثر.

هـ- الأمثال   Proverbs :

يطلب من المفحوص أن يوضح معنى ثلاثة أمثال. تعطى له درجة إذا كان تفسيران صحيحين.

و- الاتجاه   Orientation:

تقدم للمفحوص خمسة أمثلة تتطلب الإجابة عنها فهماً للاتجاهات الأربعة. تعطى درجة إذا قدم المفحوص أربع إجابات صحيحة.

ز- الفروق الأساسية   Essential differences :

يسأل المفحوص ثلاثة أسئلة. تعطى درجة عن إجابتين صحيحتين فأكثر.

ح‌- **الكلمات المجردة Abstract words :**

يطلب من المفحوص تعريف خمس كلمات. تعطى درجة إذا أجاب عن أربع منها بصورة صحيحة.

د. **تصحيح الاختبار وتحديد نسبة الذكاء:**

يتطلـب إجـراء الاختبـار خبـرة كبيـرة مـن الفـاحص. والوقـت الـذي يحتاجـه هـو (40) دقيقة بالنسبة للأطفال وحوالي (90) دقيقة لمن هم أكبر سناً.

يبـدأ الفـاحص بإعطـاء مجموعـة الاختبـارات الموازيـة للعمـر الزمنـي للمفحـوص أو مجموعـة الاختبارات المخصصة للعمر الزمني الذي هو أدنى من عمر المفحوص الزمني بمستوى واحد فقط. يستمر الفاحص بتوجيه الأسئلة للمفحوص حتى يصل المفحوص مستوى عمر يـنجح في جميع اختباراتـه ويعتبر هذا (العمر القاعدي) للمفحوص. وبعد تحديد العمر القاعدي للمفحوص يقوم الفاحص بإعطاء المفحوص الاختبارات المخصصة للأعمار التي تليها إلى أن يفشل المفحوص في الإجابة عن جميع الاختبـارات المخصصة لعمر زمني معين وهذا يعتبر (العمر الأقصى).

بعد تحديد العمر الأقصى يقوم الفاحص بتحديد العمر العقلي ونسبة الذكاء وذلك بتحويل العمر القاعدي إلى أشهر ويضاف إليها مجموع الأرصدة التي نجح المفحوص في اختباراتها ثم تحدد نسبة الـذكاء. وهي:

$$\text{نسبة الذكاء} = \frac{\text{العمر العقلي}}{\text{العمر الزمني}} \times 100$$

مثال: ديالا طفلة عمرها (7) سنوات نريد معرفة نسبة ذكائها0نعرض عليها الاختبارات المخصصـة لعمر(7) سنوات وعددها ستة أسئلة.إذا نجحت فـي الاختبارات المخصصة لهذا العمر ننتقل إلى إعطائها مجموعة الاختبارات

المخصصة للعمر الزمني (8) سنوات ولنفرض أنها لم تنجح إلا في أربعة اختبارات من الاختبارات الستة المخصصة لهذا العمر، في هذه الحالة فإن العمر الزمني(7)هو العمر القاعدي لأنه أعلى مستوى سن نجحت فيه ديالا في كل اختباراته.

تابع إعطاء ديالا الاختبارات المخصصة لمستويات أكبر من عمرها الزمني فإذا نجحت في فقرتين من الاختبارات المخصصة للعمر الزمني (9) سنوات وفشلت في جميع الفقرات في الاختبارات المخصصة للعمر الزمني (10) سنوات فإن العمر الأقصى للطفلة ديالا هو 10 سنوات لأنها لم تنجح على أي فقرة من فقرات اختبار المستوى الزمني المذكور.

ولتحديد نسبة الذكاء للطفلة ديالا نجري العمليات التالية:

1- د العمر الزمني (القاعدي) = 7 × 12 = 84 شهراً.

2- مع الأرصدة التي نجحت ديالا في اختباراتها والمخصصة للأعمار التي هي فوق عمرها القاعدي وهي اختبارات العمر الزمني 8 سنوات حيث نجحت في 4 اختبارات:

4 × 2 = 8 أشهر

ونجحت في اختبارين من اختبارات المخصصة للعمر الزمني 9 سنوات:

2 × 2 = 4 شهور

3- نستخرج العمر العقلي إلى ديالا بجمع 84 + 8 + 4 = 96 شهراً.

$$\text{ولما كانت نسبة الذكاء} = \frac{\underline{\text{العمر العقلي}}}{\text{العمر الزمني}} \times 100$$

$$\text{فإن نسبة ذكاء ديالا} = \frac{\underline{96}}{84} \times 100 = 114 \text{ درجة}$$

ويمكن أن تحسب بالطريقة التالية دون التحويل إلى الشهور:

$$\text{العمر العقلي} = 7 + \frac{(2\times2) + (2\times4)}{12}$$

$$= 7 + \frac{12}{12} = 8 \text{ سنوات}$$

$$\text{نسبة الذكاء} = \frac{8}{7} \times 100 = 114 \text{ درجة}$$

جدول رقم (1)

مستوى العمر وعدد الفقرات ووزن كل فقرة بالشهور

حسب مقياس ستانفورد بينيه [1]

وزن كل فقرة بالشهور	عدد الفقرات	مستوى العمر
1	6	2سنة
1	6	2.5 سنة
1	6	3 سنوات
1	6	3.5 سنة
1	6	4 سنوات
1	6	4.5 سنة
2	6	5 سنوات
2	6	6 سنوات
2	6	7 سنوات
2	6	8 سنوات
2	6	9 سنوات
2	6	10 سنوات

---

[1] د. عطوف محمد ياسين، علم النفس العيادي الاكلينيكي، دار العلم للملايين بيروت، ط 1 1986، ص: 460.

هـ- تقويم اختبار ستانفورد – بينيه

أولاً: خصائص اختبار ستانفورد- بينيه:

1- البناء   Constraction: لقد تم بناء الاختبار وتقنينه بعناية كبيرة، كما أنه يقدم تعليمات مفصلة عن كيفية تصحيح كل فقرة.

2- الثبات   Reliability: أظهرت نتائج الأبحاث في هذا المجال أن الاختبار ذو ثبات عالٍ ويساوي (0.90) فأكثر.

3- الكفاءة التنبؤية: أظهرت الدراسات أنه يمكن التنبؤ بدرجات الطلبة في بعض الموضوعات المدرسية حيث ظهر أن الارتباط بين الاثنين في المدرسة الابتدائية (0.70) وفي الثانوية (0.60).

4- الاستخدام العيادي: إن استخدام هذا الاختبار في المواقف العيادية يشير إلى أنه أكثر فائدة من أي إختبار آخر يستخدم مع الأطفال.

ثانياً- مزايا اختبار ستانفورد- بينيه:

يمكن إجمال مزايا مقياس ستانفورد بما يلي:

أ- قياس العمليات العقلية العليا في قياس الذكاء وعدم الاقتصار على العمليات الدنيا واستخدم تشكيلة واسعة من الأسئلة غطت جميع القدرات الأساسية ولعل هذا التنوع والشمول هو ما جعل المقياس نفيساً، كما يشير آيزنك.

ب- يعتبر مقياس ستانفورد – بينيه المقياس الرائد والجد الأكبر للمقاييس العقلية جميعها وقد اعتمد عليه الباحثون في إعداد مقاييس الذكاء التي ظهرت بعده وهو المحك الأساسي لصدقها.

ج- كان أول مقياس يستخدم موازين متدرجة لقياس النمو العقلي معتمداً على العمر العقلي كوحدة للقياس.

د- إن التعديلات المتلاحقة التي أجريت عليه أعطته وزنه ومكانته المرموقة على مر السنين، هذا بالإضافة إلى تراكم البحوث حوله والتي بلغ عددها (986) بحثاً حتى عام (1972).

هـ- يعتبر مقياس ستانفورد - بينيه أداة تشخيص مهمة بالإضافة إلى فاعليته في قياس الذكاء، كما يفيد في تعرف بعض جوانب شخصية المفحوص كالمثابرة وتركيز الانتباه والثقة بالنفس والخجل.

ومما يدل على كفاية هذا المقياس وقدرته التشخيصية أن الجمعية الأمريكية للضعف العقلي ارتكزت في تصنيفها لضعاف العقول إلى حاصل ذكاء ستانفورد - بينيه.

ثالثاً- الانتقادات التي وجهت لمقياس ستانفورد - بينيه:

على الرغم من المزايا الهائلة التي يتميز بها مقياس ستانفورد - بينيه فإنه لا يخلو من الانتقادات التي وجهت إليه. وتتركز أهم الانتقادات والملاحظات حوله فيما يلي:

1- تشبعه القوي بالعامل اللفظي، إن الذكاء بمظاهره العديدة والمتنوعة لا يتحدد بالقدرة اللفظية.

2- انه لا يقيس القدرة الفطرية أو الوراثية وإنما يقيس محصلة الخبرات التي اكتسبها الفرد.

3- إنه لا يقدم درجات للقدرات التي يتضمنها الذكاء وإنما يعطي درجة واحدة كلية للدلالة على الذكاء ولذلك يستحيل التعرف على قدرات الفرد وتكوين صورة واقعية عنها.

4- إنه لا يصلح لقياس ذكاء الراشدين لأنه وضع أصلاً لقياس ذكاء الأطفال، كما أنه لا يصلح لقياس ذكاء الصم والبكم.

5- إن بعض بنوده لا تساير التطور العصري ولا تنطبق على الاستخدام في البيئة.

ثانياً- مقياس وكسلر للذكاء Wechsler Scale :

أ- الافتراضات المعتمدة في تصميم مقياس وكسلر:

1- النظرة الشمولية للقدرة العقلية العامة (الذكاء).

2- يجب أن يتضمن كل مقياس عدداً من الاختبارات الفرعية يقيس كل منها قدرة عقلية.

3- التركيز على أهمية الجانب الأدائي أو العملي للذكاء (ما يفعله المفحوص وليس ما يقوله) وبهذا تضمن كل مقياس عدداً من الاختبارات الفرعية الأدائية وعدداً من الاختبارات الفرعية اللفظية.

4- استند إلى تحديد حاصل الذكاء للمفحوص واستغنى عن معيار العمر العقلي الذي استند عليه مقياس ستانفورد – بينيه.

5- تضمن كل مقياس من مقاييس وكسلر عدداً كبيراً من الأسئلة تغطي وظائف وعمليات عقلية متنوعة وتم ترتيب كل مجموعة من الأسئلة المتشابهة مع بعضها لتؤلف اختباراً فرعياً متدرج الصعوبة يغطي مدى واسعاً من الأعمار الزمنية.

قد صنفت الأسئلة استناداً إلى نوع المهمات أو العمليات العقلية التي يتصدى لقياسها إلى مجموعات مختلفة تمثل كل منها اختباراً فرعيا واحداً لا يختص بمستوى عمري محدد.

قد جمعت الاختبارات الفرعية في فئتين تؤلف الأولى منها فئة الاختبارات اللفظية (المقياس اللفظي) وتؤلف الثانية فئة الاختبارات الأدائية (المقياس الأدائي).

ب- نشأة المقياس:

لقد وضع هذا الاختبار عالم النفس الأمريكي (وكسلر) عام (1939) وذلك لعدة أسباب منها:

1 – المقاييس السابقة وضعت لقياس ذكاء الأطفال ولم يكن هناك مقاييس معدة لقياس ذكاء الراشدين ولهذا شعر وكسلر في أثناء عمله في مستشفى بلفيو(Bellevue) في نيويورك بأن الحاجة ماسة إلى مقياس للراشدين للتعرف إلى قدراتهم في مجالات مختلفة.

2- الصعوبات الكبيرة التي ظهرت عند استخدام معيار العمر العقلي مع الراشدين نظراً لاستحالة الوصول إلى سقف عمري يفشل عنده المفحوص في كل الاختبارات. نشر مقياس وكسلر لذكاء الراشدين عام (1955) باسم:

Wechsler Adult Intelligence Scale ويختصر إلى (وايز W A I S) ويتألف من (11) اختباراً فرعياً، ستة منها لقياس الجانب اللفظي والخمسة الباقية لقياس الجانب الأدائي.

لقي مقياس وكسلر منذ ظهوره انتشاراً منقطع النظير وأصبح المقياس الرئيس المعتمد في العيادات النفسية في الولايات المتحدة الأمريكية وقد ظهرت عام (1981) الطبعة الأخيرة لهذا المقياس.

وفي عام (1949) وضع دافيد وكسلر مقياساً لقياس ذكاء الأطفال:

Wechler Intelligence Scale For Children وتختصر لي (ويسك) (WISC) ومعظم فقرات هذا الاختبار مأخوذة من الاختبارات المبكرة للراشدين رغم أن كلاً منهما وضع على أساس أنه مقياس قائم بذاته ومقنن بمعزل عن الآخر. ويطبق هذا المقياس على الأطفال من سن (5- 15) سنة ويتكون من (12) اختباراً ستة منها لقياس الجانب اللفظي والستة الأخرى لقياس الجانب الأدائي.

ظهر مقياس وكسلر باللغة العربية في جمهورية مصر- العربية عام (1956) حيث قام بإعداده الدكتور محمد عماد الدين إسماعيل والدكتور لويس كامل مليكه.

أما اختبار وكسلر لقياس ذكاء تلاميذ المدارس الابتدائية وما قبلها (4 – 6.5) سنة فهو يشبه اختبار(الويسك)غير أنه يختلف عنه في ثلاثة اختبارات فرعية هي: الجمل وبيوت الحيوانات والتصميم الهندسي.

ج- محتوى الاختبار (المقياس):

يتكون مقياس وكسلر لقياس ذكاء الراشدين من قسمين، قسم لفظي وقسم أدائي.

أولاً- القسم اللفظي Verbal Scale:

1- اختبار المعلومات العامة General Information Scale:

يحتوي هذا الاختبار على (25) سؤالاً. وتعطى الدرجات على أساس درجة واحدة لكل جواب صحيح. ويتوقف الفاحص عن إعطاء هذا الاختبار بعد خمسة أخطاء متتالية. تغطي أسئلة هذا الاختبار مدى واسعاً من المعلومات التي يفترض شيوعها في ثقافة الراشدين مثل:

- من هو الذي اخترع الطائرة؟
- ما هو القرآن؟
- ما لون الياقوت؟
- كم وحدة تؤلف دزينة؟
- كم قرشاً يساوي الدرهم؟
- كم عدد فصول السنة؟
- ما هو الثيرمومتر؟
- لماذا يطفو الزيت على سطح الماء؟
- مم يصنع الحرير الصناعي؟
- من هو جنكيز خان؟
- ما هي عاصمة السودان؟

- كم تبعد دمشق عن عمان؟

- ما هو البارومتر؟

- من كتب كتاب الأم؟

- متى استقلت المملكة الأردنية الهاشمية؟

- ما هي الأشهر الحرم؟

- ما هو الدخان الذي إذا استنشقه الصائم أفطر؟

- في أي سنة حدث إحراق المسجد الأقصى من قبل اليهود؟

- في أي شهر نزل القرآن الكريم؟

- كم أسبوعا في السنة؟

- كم عدد سكان المملكة الأردنية الهاشمية؟

- في أي شهر حدث الإسراء والمعراج؟

- في أي قارة تقع الهند؟

- كم عدد الدول العربية في قارة أفريقيا؟

- ما الشهر الذي يكون أول أيامه يوم العمال العالمي؟

2- اختبار الفهم العام   General Comprehension Scale:

يتكون هذا الاختبار من(10) فقرات تتعلق بقواعد اجتماعية معينة وعن كيفية حل مشكلات الحياة اليومية مثل:

- لماذا يجب على الناس أن يدفعوا الضرائب؟

- لماذا تصنع الأحذية من الجلد؟

- لماذا يستخدم القطن في صناعة الملابس؟

- لماذا نفي بالوعد؟

- لماذا يفضل بناء البيت من الحجارة أكثر من الخشب؟

- لماذا يلقى القبض على المجرمين ويودعوا في السجون؟

- لماذا يفضل إعطاء المال للجمعيات الخيرية أكثر من المتسولين؟

- ماذا تفعل إذا شاهدت حريقاً في منزل؟
- لماذا يجب وضع القوانين؟
- ما هي حسنات إيداع المال في البنك؟

ولكل سؤال علامتين وبهذا تكون العلامة القصوى (20) علامة.

3- اختبار الحساب أو الاستدلال الرياضي Arithmetical Reasoning:

يتكون من (10) مسائل حسابية وتعطى درجة (علامة) واحدة لكل جواب صحيح مثل:

- يسير شخص (3) أميال في الساعة 0 كم ساعة يحتاج لقطع 24 ميلاً؟
- مع شخص نصف دينار اشترى طابع بريد ب (15) قرشاً. فكم قرشاً بقي معه؟
- إذا كان ثمن دزينة البيض (12) بيضة 30 قرشاً. فكم قرشاًَ ثمن البيضة الواحدة؟
- قبض عامل 36 ديناراً أجرة عن الأيام التي اشتغلها فإذا كانت الأجرة اليومية له (4) دنانير 0 فكم يوماً اشتغل؟
- يملك بائع الجرائد 15 جريدة باع منها 8 جرائد. كم بقي معه؟
- اذا كان ثمن ثلاثة أقلام رصاص (6) قروش كم قرشاًَ ثمن (21) قلماً؟
- إذا كان ثمن كيلو التفاح (58) قرشاً وأعطيت البائع ديناراً. فكم قرشاً يرجع لك البائع؟
- يملك رجل (36) ديناراً وأعطاه صديقه (28) ديناراً. فكم ديناراً أصبح معه؟
- إذا كان ثمن الدفتر (8) قروش. فكم قرشاً ثمن (12) دفتراً؟
- يستطيع مسلح أن يطلق (3) قذائف خلال دقيقتين. كم قذيفة يستطيع أن يطلقها (5) مسلحون خلال ساعة؟

4- اختبار المتشابهات   Similarities Scale:

يطلب من المفحوص أن يبين أوجه الشبه بين شيئين أو كلمتين في (12) زوجاً من الأشياء أو الكلمات.

يعتبر هذا الاختبار من أفضل الاختبارات المرتبطة بالذكاء ويقيس هذا الاختبار التفكير المجرد عند المفحوص. تعطى الإجابة الصحيحة علامتين، وبهذا تكون الدرجة القصوى هي (24) ومن أمثلة هذا الاختبار:

- خوخ، دراق، أو (موز، برتقالة)
- بيضة، بذرة
- هرة، فأر
- قلم، ورق
- جبل، بحيرة
- كيلوغرام، كيلومتر
- ملح، ماء
- حرية، عدالة
- جريدة، راديو
- كلب، أسد
- غضب، فرح
- عين، أذن

5- اختبار تذكر الأرقام (الأعداد) Digit Span :

يطلب من المفحوص أن يعيد قراءة ثلاثة إلى تسعة أرقام بعد ان يسمع قراءتها من الفاحص شفهياً وبمعدل رقم في الثانية. وفي القسم الثاني يطلب من المفحوص إعادة (3) إلى (8) أرقام بالاتجاه المعاكس (بشكل معكوس). مثال:

تكرار الأرقام إلى الأمام	تكرار الأرقام بالعكس
3، 8، 6	7، 4، 5
6، 1، 5، 8	6، 9، 7، 2
8، 4، 2، 3، 9	4، 1، 6، 2، 7
7، 9، 6، 4، 8، 3	3، 6، 7، 1، 9، 4
9، 8، 5، 2، 1، 6، 3	4، 5، 7، 9، 2، 8، 1
5، 3، 8، 7، 1، 2، 4، 6، 9	3، 1، 7، 9، 5، 4، 8، 2

ويكون مجموع درجات المفحوص على هذا الاختبار هو عدد أرقام السلسلة التي نجح عليها المفحوص.

يقيس هذا الاختبار قدرة المفحوص على الانتباه والتركيز وذاكرته المباشرة. ومن لا يستطيع تكرار أربعة أرقام بشكل مباشر وثلاثة أرقام بالعكس فهو يميل إلى أن يكون عنده الضعف العقلي.

6- اختبار المفردات Vocabulary Scale:

يحتوي هذا الاختبار على (40) كلمة مرتبة من الأسهل إلى الأصعب. يطلب إلى المفحوص أن يذكر ماذا تعني كل كلمة. فإذا أجاب إجابة صحيحة توضع له درجة واحدة. ويكشف هذا الاختبار مدى اتساع أفق المفحوص وقدرته على التجريد والتعميم والتنظيم الفكري عنده.

أمثلة :

ما معنى الكلمات التالية:

فاسد	أمير	فندق	عاصمة	سكين	قبعة	تفاحه
صندوق	رديء	مظلة	شجاع	حرية	رسالة	وسادة
ميكروسكوب	سيف	الماس	حمار	مقبرة	عائق	يعزل
دراجة هوائية	ضريبة	يضم	خرافة	بطل	مشبك	قرية

محنة	سراب	حفلة	عدالة	قرص	مقامرة	مستقا
معقم	أثاث	يهزأ	ينتهك	مدرسة	حب	يقرر

ثانياً- القسم الأدائي Performance Scale:

1- اختبار تكميل الصور Picture Completion Scale

يقوم الفاحص بعرض (15) صورة ناقصة على المفحوص ويطلب من المفحوص ذكر الجزء الناقص في كل صورة.

2- اختبار ترتيب الصور Picture Arrangement Scale:

يتضمن هذا الاختبار ست مجموعات من الصور وتعطى للمفحوص بشكل غير مرتب ويطلب منه أن يرتبها بالتسلسل الصحيح.

3- اختبار تجميع الأشياء Object Assembly Scale:

يتكون هذا الاختبار من ثلاثة أشكال: صبي، وجه، يد. كل شكل منها قسم إلى أجزاء. يطلب من المفحوص أن يضع كل جزء في مكانه الأصلي لتعطي شكلاً كاملاً ضمن وقت محدد. وتحسب درجة المفحوص على أساس سرعته ودقته.

4- اختبار تصميم المكعبات Block Design Scale:

يتكون هذا الاختبار من سبعة تمارين (تصميمات) ويطلب من المفحوص أن يعمل على ترتيب مجموعة المكعبات الملونة حسب نموذج يقدم له. تؤخذ السرعة والدقة عند وضع الدرجة. يكشف هذا الاختبار عن أسلوب المفحوص وعن بعض المزايا في شخصيته كالترتيب أو المثابرة أو اليأس أو الاندفاع.

5- اختبار رموز الأرقام Digit Symbols Scale:

يعطى المفحوص ورقة عليها تسعة رموز يمثل كل منها رقماً من الأرقام التسعة الموجودة في مربعات ويطلب منه أن يحدد الرمز الصحيح الذي يقابل كل

رقم ويضع الرموز في الأماكن الخالية من المربعات المقابلة للأرقام. وتحسب درجة المفحوص على أسـاس سرعته ودقته.

أما مقياس وكسلر لقياس ذكاء الأطفال (ويسك)

Wechler Intelligence Scale For Children

فقد نشر عام (1949) ويقوم على المبادىء نفسها التي يقـوم عليها مقيـاس وكسـلر لقيـاس ذكـاء الكبار ويقسم إلى قسمين هما:

أولاً- القسم اللفظي : Verbal Scale

ويشتمل على ستة اختبارات هي:

1- اختبارات المعلومات العامة:

يتألف هذا الاختبار من (30) فقرة متدرجة في الصعوبة تتضمن معلومات عامـة شـائعة في ثقافـة الطفل يعكس بعضها خبرة الطفل اليومية وتفاعله مـع بيئتـه ويقـيس هـذا الاختبـار القـدرة على الفهـم وترابط الأفكار والاستيعاب اللفظي والذاكرة بعيدة المدى لدى الطفل.

2- اختبار الفهم:

يتكون من (14) فقرة تتدرج في صعوبتها بحيث تقيس القدرة على فهم المواقف السلوكية والقدرة على التحكم والتعبير اللفظي.

3- اختبار الحساب:

يتضمن (16) مسألة حسابية يطلب من المفحوص أن يقوم بحلها شفويا ضمن زمن محدد.

4- اختبار المتشابهات:

يقسم هذا الاختبار إلى قسمين هما:

■ اختبار المتناظرات ويشتمل على أربع فقرات تتكون كل فقرة من جملتين، الجملة الثانية غير مكتملة ويطلب من المفحوص إكمالها بالكلمة المناسبة.

■ اختبار المتشابهات، ويتكون من (12) فقرة تشتمل كل فقرة على شيئين أو فكرتين يطلب مـن المفحوص معرفة درجة التشابه بينها.

5- اختبار المفردات:

يتكون من (40) كلمة يطلب فيها من المفحوص أعطاء معنى لكل كلمة.

6- اختبار إعادة الأرقام:

ويتكون من قسمين:

■ إعادة الأرقام التي يقولها الفاحص بالترتيب.

■ إعادة الأرقام التي يقولها الفاحص بالعكس.

ثانياً- الاختبارات الادائية:

1- اختبار تكميل الصور:

ويشتمل عل (20) فقرة كل فقرة عبارة عن صورة حذف أحد الأجزاء الرئيسية منها والمطلوب مـن المفحوص معرفه الجزء الناقص.

2- اختبار ترتيب الصور:

ويتألف من (11) فقرة متدرجة الصعوبة. يطلب من المفحوص تجميع القطع لتأليف الصورة.

3- اختبار تصميم المكعبات:

يتألف هذا الاختبار من (10) فقرات كل فقرة عبارة عـن تصميم ملـون ذو بعـدين مرسـوم عـلى بطاقة ويطلب من المفحوص بناء التصميم باستخدام المكعبات الملونة ويقيس هذا الاختبار ما يلي:

- القدرة على التحليل والتركيب.
- إعادة بناء نمط هندسي ذو بعدين.
- تآزر بصري حركي.

4- اختبار تجميع الأشياء:

ويتألف من أربع فقرات هي: مانيكان وحصان ووجه وسيارة، وتشكل كل فقرة نموذجا مقطعاً إلى قطع والمطلوب تجميع هذه القطع مع بعضها لتكون النمـوذج المطلـوب. ويقيس هـذا الاختبـار الإدراك والتآزر البصري الحركي.

5- اختبار الترميز:

ويطلب فيه من المفحوص أن يـربط بـين رقـم ورمـز مـع الدقـة والسرعـة في الأداء ويقيـس هـذا الاختبار:

- البراعة البصرية والحركية.
- السرعة والدقة في الأداء.

6- اختبار المتاهات:

ويتكون من (8) متاهات ويطلب من المفحوص رسم الطريق الذي سيسلكه للخروج مـن المتاهـة ضمن زمن محدد.

د- تصحيح اختبار وكسلر وتحديد نسبة الذكاء:

إن تطبيق اختبار وكسلر للذكاء يتطلب من الفاحص أن يكون على معرفـة كبـيرة بمـواده وطريقـه طرح الأسئلة وحساب الزمن وتسجيل الإجابات.

ويجب على الفاحص أيضا أن يسجل ملاحظاته بالنسبة لسلوك المفحوص.

يتضمن اختبار وكسلر ثلاثة نسب للذكاء هي:

1- نسبة الذكاء اللفظية.

2- نسبة الذكاء الأدائية.

3- نسبة الذكاء العام (الكلية).

ويتم حساب هذه النسب كما يلي:

أ- إعطاء الدرجات على كل اختبار ومن ثم جمعها للحصول على الدرجات الخام.

ب- الرجوع إلى جدول الدرجات الموزونة (المعيارية) للتعرف إلى الدرجة المعيارية المقابلة للدرجة الخام التي نالها المفحوص.

ج- يتم جمع الدرجات المعيارية التي حصل عليها المفحوص على اختبارات القسم اللفظي وعلى اختبارات القسم الأدائي وعلى اختبارات القسمين مجتمعة وتحول إلى توزيع جديد متوسطه (100) وانحرافه المعياري 15

د- يحصل الباحث على نسبة الذكاء من الجداول التي أعدها وكسلر والتي تبين الدرجة المعيارية على المقياس لكل عمر ونسبة الذكاء.

وقد حدد وكسلر فئات الذكاء تبعاً لمقياسه على النحو التالي:

الدرجة	فئة الذكاء
65 وما دون	تخلف عقلي
66 - 79	بين المتخلف والسوي
80 - 90	غبي
91 - 110	متوسط الذكاء
111 - 119	فوق المتوسط
120 - 127	ذكاء متفوق
128 فأكثر	متفوق جداً (نبوغ)

هـ- تقويم اختبار وكسلر للذكاء:

أولاً- خصائص اختبار وكسلر:

1- **التطبيق:** اختبار وكسلر أسهل تطبيقا من اختبار ستانفورد – بينيه ويطبق بصورة فردية ولا يستغرق تطبيقه أكثر من ساعة.

2- **التقنين:** بلغت عينة التقنين (2200) طفلاً تمثل الريف والحضر والمناطق الجغرافية المختلفة.

3- **الثبات:** استخرج بطريقه التجزئة التصفية وبلغ 95 رٍ 0 وهو ثبات عال.

4- إن الاختبار الأدائي في مقياس وكسلر أكثر فائدة من الاختبار الأدائي في مقياس ستانفورد. بينيه خاصة بالنسبة للأطفال الذين يعانون من مشكلات لغوية والصم والأجانب.

5- إن اختبار وكسلر للراشدين (وايز WAIS) أفضل من اختبار ستانفورد- بينيه في قياس ذكاء الكبار وذلك لأن فقراته أكثر ملاءمة للكبار وإثارة لاهتمامهم.

6- **الكفاءة التنبؤية:** إن مقياس وكسلر أكثر جودة في التنبؤ بالتحصيل المدرسي والنجاح المهني من اختبار ستانفورد – بينيه.

7- **التشخيص العيادي:** إن مقياس وكسلر مفيد جداً في المواقف المدرسية والعيادية.

ثانياً- ميزات اختبار وكسلر للذكاء:

يمتاز هذا الاختبار عن غيره من الاختبارات بما يلي:

1- مفرداته أكثر ملاءمة للكبار وتغطي عمليات عقلية متنوعة.

2- تقدر نسبة الذكاء من الدرجة التي يحصل عليها المفحوص في الاختبار مباشرة دون الحاجة إلى العمر العقلي.

3- يظهر نوعين من نسب الذكاء يعتمد احدهما على الناحية اللفظيه بينما يعتمد الآخر على الأداء (الناحية غير اللفظية).

4- إن معايير الثبات والصدق فيه مرضية إلى حد بعيد.

5- انه من أكثر مقاييس الذكاء استخداماً في مجال التشخيص العيادي.

6- انه يتيح التعرف على بعض جوانب شخصية المفحوص كالتردد أو التسرـع في اتخـاذ القرار والشك والدافعية للعمل.

ثالثاً- جوانب القصور (الانتقادات) لمقياس وكسلر:

1- انه قنن على عينة صغيرة العدد نسبياً ولا تمثل المجتمع الأصلي بصورة كافية وقد استبعد مـن هذه العينة الملونون واقتصرت على البيض فقط.

2- إن معاملات ثبات بعض الاختبارات الفرعية كانت منخفضة بشكل ملحوظ.

3- إن حدة البصر قد تكون عاملاً مـؤثراً في اختبـار بعـض المفحوصين خاصة في اختبـارات بعـض المفحوصين خاصة في اختبارات ترتيب الصور وتكميل الصور فضلاً عـن العمـى اللـوني كعامـل مؤثر في اختبار رسوم المكعبات.

تم تعريب مقياس وكسلر لذكاء الكبار في الأردن من قبل الأستاذ الدكتور عبد اللـه زيـد الكيلاني (1979) وقد استخرج معامل الثبات للقسم اللفظي فكـان (0.95) وللقسـم الأدائي (0.77) وللكـلى (0.95) وقد استخدم هذا المقياس جميل الصمادي ووسام بريك وتيسير الياس.

أما اختبار وكسلر لقياس ذكاء الأطفال فقد تم تعريبه أيضا من قبل الأستاذ الدكتور عبد اللـه زيد الكيلاني واستخدمه يوسف القريوتي (1980).

مما سبق يتبين أن الاختبارات الفرعية التي تتألف منها مقاييس وكسلر هي كما يلي:

مقاييس ما قبل المدرسة	مقياس الأطفال	مقياس الراشدين
القسم اللفظــــــــــي		
المعلومات العامة	المعلومات العامة	المعلومات العامة
الفهم العام	الفهم العام	الفهم العام
الاستدلال الحسابي	الاستدلال الحسابي	الاستدلال الحسابي
المشابهات	المشابهات	المشابهات
المفردات	المفردات	المفردات
الجمل	إعادة الأرقام	إعادة الأرقام
القسم الأدائي (العملي)		
رسوم المكعبات	رسوم المكعبات	رسوم المكعبات
تكميل الصور	تكميل الصور	تكميل الصور
——	ترتيب الصور	تجميع الأشياء
بيت الحيوان	تجميع الأشياء	رموز الأرقام
المتاهات	المتاهات	——
الرسوم الهندسية	——	——

ثالثا: اختبار بياجيه للتطور العقلي:

يعرف بياجيه الذكاء بأنه شكل من أشكال التكيف البيولوجي بين الفرد والبيئة.

لقد اتبع بياجيه ست خطوات لجمع المعلومات هي:

1- صياغة الأسئلة.

2- الملاحظة الطبيعية.

3- تطبيقات طريقه دراسة الحالة الفردية.

4- قياسات ثلاثية تتضمن :

- إعادة مهمة محددة مع مواضيع أخرى ومع ممتحنين آخرين.

- إعادة التجربة مع أعمار مختلفة للنظر في البعد التطوري.

- معرفة مدى علاقة المعلومات التي جمعت بالسؤال الذي تم طرحه.

5- تقنين المقاييس بهدف تطبيقها على فئات من الأطفال في دول أخرى.

6- التحقق من النتائج بطريقة الملاحظة الطبيعية.

تتضمن فقرات اختبار بياجيه من (1- 11) مرحلة العمليات المادية وتقيس القدرة على الاحتفاظ.

أما الفقرات من (12 – 30) تتناول مرحلة العمليات المجردة.

لقد قسم بياجيه الذكاء إلى أربع مراحل أساسية هي:

الذكاء	المرحلة
الذكاء الحسي الحركي	من الولادة وحتى السنة الثانية
الذكاء الحدسي	من 3 سنوات إلى 6 سنوات
الذكاء المحسوس	من 7 سنوات إلى 11 سنة
الذكاء المجرد	من 12 سنة وما فوق

ومن اختبارات بياجيه:

أولاً- اختبارات منطق العلاقات:

1- اختبارات المنطق الربطي:

ويهدف إلى التعرف على قدرة الطفل على تحليل الأحداث والربط بين الظواهر والعناصر المتعلقة بموضوع معين أو فكرة ما. يحتوي الاختبار على خمسة أسئلة يحتوي كل منها على حادثة وفي الحادثة شيء من اللامعقول وغير المنطقي وعلى الطفل أن يربط بين العناصر المختلفة المكونة للحادثة. ومن أمثلة ذلك:

- راكب دراجة تحطمت رأسه في حادث، وقد مات فوراً. نقـل إلى المستشـفى ومـن المحتمـل انه سيبقى هناك طويلاً بسبب خطورة الحالة.
- عندي ثلاثة إخوة: محمد وعبد الله وأنا.
- البارحة عثر على جثة فتاة، قطع جسدها إلى (18) قطعة 0 يعتقد أنها قتلت نفسها (انتحرت).
- أمس وقع حادث قطار، ولكن ليس خطيراً، عدد الضحايا (48) فقط.

2- اختبار الاخوة:

وجد بياجيه خمسة أنماط مـن الأجوبة. في النمط الأول يسقط الطفل نفسه مـن الحسـاب، وهـذا يعني أن مفهوم الانتماء لديه غير وارد.

- كم أخ لك؟ اثنان، عمر ومصطفى.

- كم عدد الإخوة في العائلة؟ اثنان.

وفي النمط الثاني لا يكتشف اللامنطقي في اختبار الإخوة. وفي النـمط الثالـث مـن الأجوبة يحـاول الطفل أن يميز بين الانتماء والربط ويعتبر النمط الرابع من الأجوبة امتـداداً للـنمط السـابق مـع فـارق في تطور مفهوم الانتماء والربط وفي النمط الخامس يخرج الطفل من غموض الأنوية، إذ يقول نحـن ثلاثـة في العائلة.

3- اختبار اليد:

يتضمن هذا الاختبار (10) أسئلة تطرح على الطفل ومنها:
أ- قل لي: أين يدك اليمنى؟
ب- قل لي: أين يدك اليسرى؟
ج- قل لي: أين يدي اليمنى؟
د- قل لي: أين يدي اليمنى؟
توضع طاولة أمام الطفل ويوضع عليها مفتاح وساعة وكاس على شكل خط مستقيم تفصل فيما بينها مسافة 10- 15 سم

هـ- قل لي : المفتاح عن يمين أو عن يسار الساعة؟

و- قل لي: الساعة عن يمين أو عن يسار الساعة؟

ز- قل لي: الكأس عن يمين أو عن يسار الساعة؟

ح- قل لي: الكأس عن يمين أو عن يسار المفتاح؟

ثانياً- اختبارات ثبات وبقاء المواد:

1- اختبارات المعجونة (العجينة):

يعرض أمام الطفل قطعتين من عجين الصلصال لهما نفس الشكل والوزن والحجم. تؤخذ أحداهما وتحول إلى عجينة طويلة ثم نسأل الطفل: أي القطعتين أكبر؟ إذا وضعنا القطعتين في أنبوبين فيهما ماء بنفس المستوى هل يرتفع الماء في الأنبوبين بنفس المستوى؟

وقد وجد بياجيه من خلال اختباره أن هناك ثلاث نتائج محتملة هي:

1- ينفي الطفل إمكانية ثبات أو بقاء المادة ويعتقد بأن المعجونة التي تحولت إلى شكل آخر لا تساوي العجينة الأخرى.

2- هناك مرحلة متوسطة يعتقد فيها الطفل بثبات وبقاء المادة ولكنه متردد ومرتبك.

3- يدرك الطفل مفهوم الثبات وبقاء المادة تدريجيا (7- 8 سنوات) ومفهوم الوزن (9- 10 سنوات) ومفهوم الحجم (11- 12 سنة).

والجدول التالي يبين بوضوح النسب المئوية للنجاح في اختبار المعجونة بالنسبة لثبات المادة والوزن والحجم حسب الأعمار المختلفة:

العمر بالسنة	5	6	7	8	9	10	11
المادة	%16	%16	%32	%72	%84	----	----
الوزن	صفر	%12	%24	%52	%72	%76	%96
الحجم	صفر	صفر	%12	%28	%32	%56	%82

إن هذا الاختبار يبدو مهماً سيكولوجياً وتربوياً ويمكن للمربين تطبيقه بسهولة في المدرسة على الأطفال وهو يساعد المعلم على تفهم عقلية الطفل وعملياته العقلية.

2- اختبار السكر:

يأتي هذا الاختبار بعد اختبار المعجونة وهو يتطلب تصورات عقلية لأن السكر يذوب في الماء (يتحول من جسم محسوس إلى سائل يذوب في الماء). يتكون هذا الاختبار من قطعة أو أكثر من السكر مع كوبين من الماء من نفس الحجم والشكل. يملأ كل كوب (3 /4) حجمه ماء، وعلى الفاحص أن يحضر ملعقة وميزان وسلك مطاط، وذلك لتذويب السكر أمام الطفل بالملعقة،والميزان للتأكد من زيادة الوزن، والسلك للتأكد من ارتفاع الماء بعد ذوبان السكر. ومن الأسئلة التي تطرح على المفحوص:

- ماذا يحدث إذا وضعت هذه القطعة من السكر في الماء؟
- ماذا تعني بكلمة يذوب (يختفي)؟
- لماذا يختفي السكر في الماء ولا نراه؟
- هل تعرف ما طعم الماء ألان؟
- هل بامكاننا استرجاع قطعة السكر؟
- هل الماء يبقى على مستواه إذا وضعنا قطعة السكر في الكوب؟
- لماذا يرتفع الماء؟

ولضبط الاختبار وإثارة انتباه الطفل وحثه على تصحيح أخطائه نضع الكوبين في كفتي الميزان حتى يتأكد الطفل من الوزن. ثم نضع سلك المطاط عند مستوى الماء قبل أن نضع قطعة السكر ثم نضيف قطعة السكر ليرى الطفل مقدار ارتفاع مستوى الماء.

والجدول التالي يشير إلى نتائج هذا الاختبار حسب الأعمار المختلفة بالنسبة لمفهوم ثبات أو بقاء المادة والوزن والحجم.

العمر بالسنة	8	9	10	11	12
المادة	%57	%57	%83	%73	%90
الوزن	%22	%40	%50	%73	%80
الحجم	% 7	%37	%33	%53	%57

3- اختبار انتقال السوائل:

يعرض أمام المفحوص وعائين زجاجيين لهما نفس المواصفات في الطول والحجم ووعاء آخر أكثر طولاً ولكنه أضيق. يوضع سائل في الوعائين المتماثلين. ثم يطلب إلى المفحوص نقل السائل من احد الوعائين إلى الوعاء الثالث (الأكبر طولاً وأقل ضيقاً) ويوجه إليه السؤال:

هل الماء (السائل) في الوعاء (1) مساوٍ للماء في الوعاء (3)؟

ثالثاً- اختبارات التسلسل والتصنيف:

تكشف هذه الاختبارات أهمية التسلسل والتصنيف وعن مدى ارتباطيهما باللغة والمحيط والنضج البيولوجي ويتضمن التصنيف نوعين من العلاقات هما:

- الصفات المشتركة التي يدخل فيها أفراد المجموعة والنوع.
- الصفات الخاصة التي تميز أفراد مجموعة من أخرى.

ومن هذه الاختبارات :

أ- اختبار القطع المربعة والمدورة:

يطلب من الطفل الإجابة شفويا عن الأسئلة المتعلقة بالقطع المعروضة عليه من الشكلين المربع والمدور وبلونين مختلفين (أزرق وأحمر) والأسئلة هي:

■ هل جميع القطع المدورة لونها أزرق؟

■ هل جميع القطع المربعة لونها أحمر؟

ب- اختبار الخرز والأزهار:

يعرض أمام الطفل (10) حبات من الخرز الخشبي أربعة منها لونها أحمر والستة الباقية لونها أصفر. توضع أمام الطفل ويوجه إليه السؤال التالي:

- أي الخرزات أكثر، الملونة باللون الأحمر أو الملونة باللون الأصفر (يمكن أن تستبدل الخرزات بالأزهار).

ج- اختبار المصفوفات:

يهدف هذا الاختبار إلى الكشف عن قدرة الطفل على التفكير المنطقي والعمليات العقلية المتبادلة.

د- اختبار المساطر:

يعرض على الطفل مجموعة من المساطر الملونة ذات الأطوال المختلفة ويطلب منه صنع درج مبتدئا بالمسطرة الأقل طولاً. يكشف هذا الاختبار عن قدرة الطفل على تنظيم الأشياء حسب درجات تميزها والاختلاف فيما بينها.

هـ- اختبارات العدد:

تكشف هذه الاختبارات عن تطور الطفل في العمليات العددية وتتضمن اختبارات في قضية الاحتفاظ بالمادة وأخرى في العلاقات المتبادلة وأخرى في العمليات الحسابية.

ومن أمثلة هذه الاختبارات:

مثال: انظر إلى المجموعتين التاليتين مجموعة (أ) برتقال ومجموعة (ب) تفاح ثـم بـين أي البـدائل التالية يعتبر صحيحاً.

مجموعة (أ)   OOOOOO O

مجموعة (ب)   QQQQQ QQQ

1- تحتوي مجموعة (أ) على فواكه أكثر.

2- تحتوي مجموعة (ب) على فواكه أكثر.

3- في المجموعتين العدد نفسه من الفواكه.

مثال: أ، ب صحنان مملوءان بالماء حتى نصفهما وتوجد إلى جانبهما كرتان مـن الطـين متسـاويتان في الحجم ج، د

- لو وضعنا الكرة (ج) في الوعاء (أ) هل يرتفع مستوى الماء أو يبقى كما هو؟

- هل مستوى الماء في الوعاء (أ) بعد وضع الكرة فيه مساوٍ لمستوى الماء في الوعاء (ب)؟

- إذا وضعنا الكرة (د) في الوعاء (ب) هل يصبح ارتفاع الماء فيه مساوٍ لارتفـاع المـاء في (أ)؟

مثال: لديك كأساً مملوءاً إلى نصفه بالماء وبجانبه كرة حديدية. فإذا وضعنا الكرة في الكأس فأي الاجابات التالية يعتبر صحيحاً ولماذا؟

1- يبقى الماء على نفس المستوى.

2- ينخفض مستوى الماء.

3- يرتفع مستوى الماء.

4- لا شيء مما سبق.

مثال: لديك الكتل الخشبية التالية وهي مختلفه في الشكل واللون. تأملها ثم أجب عن الأسئلة التالية:

أ- الكتل الملونة أكثر من الكتل المربعة.

ب- عدد الكتل الملونة يساوي عدد الكتل المربعة.

ج- الكتل البيضاء اكثر من الكتل المثلثة.

د- عدد الكتل البيضاء يساوي عدد الكتل المثلثة.

هـ- الكتل الملونة أكثر من الكتل المثلثة.

و- الكتل المثلثة أكثر من الكتل الملونة.

ز- عدد الكتل المونه يساوي عدد الكتل المثلثة.

خامساً: اختبارات التصور المكاني.

سادساً: اختبارات العمليات الزمانية.

سابعاً: اختبار الصدفة (الاحتمالات).

وهناك اختبارات لقياس مبدأ احتفاظ الشيء بكميته رغم تغير شكله، مثال: ضع مجموعة من الخرز في وعاء فارغ. أحضر أنبوبة زجاجية بطول (10) سم ووعاء مسطحاً آخراً، خذ زوجاً بعد زوج من الخرز الذي في الوعاء ثم ضع خرزة في الأنبوبة والأخرى في الوعاء المسطح. وبعد أن تفرغ من العملية وجه السؤال التالي:

إذا صنعنا عقداً من الخرز الذي في الانبوبه وعقداً آخر من الخرز الذي في الوعاء المسطح، فأي العقدين يكون أطول؟ ولماذا؟ (لطلبة الصفين الأول والثاني الأساسيين).

إن اكتشافات بياجيه قد ساعدت على تخطيط تربوي ومناهج تعليمية، وكانت آراؤه قادرة على وضع فلسفة تربوية تحقق التوازن بين الإجراءات التدريسية التي يعوزها التطوير وبين إمكانيات الطفل السلوكية واحتياجاته المتغيرة.

ويمكن أن تلخص الإرشادات التربوية الأساسية كالأتي:

1- إن عملية النمو العقلي هي عملية تراكمية هرمية تصاعدية ولهذا لا بد من إيجاد التوافق بين مرحلة النمو العامة للطفل وبين خصائص نموه الذاتي والمادة المقدمة له.

2- إن بعض الفترات هامة جداً في مجرى النمو العقلي للطفل وهذا له انعكاسات مباشرة على تخطيط المناهج وعلى المعلمين إذ عليهم أن يكونوا على معرفة بما هو ممكن وما هو غير ممكن أو مستحيل في عملية تكوين المفاهيم عند الطفل.

3- إن اللغة من المحاور الأساسية التي يركز عليها بياجيه وتساعد في استخدام المفاهيم وفي تكوينها ولهذا فهو يشدد على التبادل الكلامي بين ألمعلم والطفل وبين الوالدين والطفل.

4- إن التعليم في المدارس يجب أن يبدأ من العمليات العيانية والمحسوسة ثم ينتقل بالتدريج إلى التفكير المجرد بحيث يتم التسرّع في معدل نموهم العقلي ويحقق الإشباع والتقبل في حياة الأطفال.

وأخيرا فإن الذكاء عند بياجيه يقوم على: التلاؤم، والتمثيل، والتنظيم.

رابعاً- اختبار آرثور لقياس الأداء بالنقط Arther Performance Scale

صدرت الصورة الأولى من هذا المقياس سنة (1930) واشتملت على عشرة اختبارات وفي سنة (1947) صدرت الصورة الثانية المعدلة من خمسة اختبارات هي:

- مكعبات فوكس.

- ولوحة أشكال سيجان.

- ومتاهات بورتيوس.

- واختبارات الاستنسل.

- واختبار إكمال الصورة رقم 2 لهيلي.

واختبار المكعبات وهو اختبار للذاكرة الفورية لسلسلة من الحركات حيث يدق الفاحص على مكعب من المكعبات الأربعة التي يتكون منها الاختبار دقات محسوبة وبنظام معين، ويطلب إلى المفحوص أن يحذو حذوه، وتتكرر العملية مع تتابع سلاسل الدقات وزيادة مدتها وصعوبتها، ويعطى هذا الاختبار مرتين وتحسب درجته بمتوسط درجات المرتين.

أما لوحة سيجان فهي عبارة عن لوحة خشبية بها أماكن لعشر قطع من الأشكال الهندسية هي الدائرة والمربع والمستطيل ونصف الدائرة ونجمة وصليب ومثلث وشكل سداسي وشكل بيضاوي ومعين. يطلب إلى المفحوص أن يضعها في أماكنها على اللوحة بسرعة وتعطى له ثلاث محاولات وتحسب له المحاولة الأقل في الوقت.

وفي اختبار بورتيوس الذي اعدده عام (1924) ليقيس الذكاء عن طريق حل المتاهات حيث يعرض على المفحوص بطاقات تحتوي كل بطاقة على متاهة. وقد صمم بورتيوس متاهاته لقياس ذكاء الفرد من سن 3 سنوات إلى سن الرشد ويتمثل نجاح المفحوص في الكشف عن أقصرـ طريق بـين مـدخل المتاهـة ومخرجها. وتستخدم اختبارات بوريتوس في فحص العاديين كما تستخدم في فحص ضعاف العقول والمرضى والمنحرفين والصم والبكم والأميين وهي تقترب في نتائجها إلى حد كبير من نتائج اختبار بينيه للذكاء.

أما اختبار إكمال الصورة لهيلي فهو يمثل مشاهد من الحياة اليومية للطفل عـلى لوحـات بهـا جـزء فراغ وعلى الطفل أن يختار من بين ستين قطعة مكملـة تلـك القطعـة المناسبة لتكملـة المشهد الناقص ويعتمد اختيار الطفل للقطعة المناسبة على فهمه لمحتويات المشهد.

خامساً- اختبار ينتنر وباترسون الأدائي[1]

Pintner- Paterson Performance Scale

تعتبر هـذه الاختبـارات إحـدى الاختبـارات الفرديـة العمليـة المقننة. وقـد وضعه المؤلفـان سـنة (1917). يقيس هذا الاختبار ذكاء الصم أو أصحاب العيوب السمعية ويصـلح كـذلك لمـن في حكمهـم مـن الأجانب الذين لا يعرفون اللغة المحلية.

يتألف الاختبار من خمسة عشر اختباراً فرعياً يمكن أن تستخدم للأطفال مـن سـن (4) سـنوات إلى (14) سنه. وتم اختزال هذه الاختبارات في الصورة المختصرة من المقياس إلى عشرة اختبارات هي:

1- اختبار الفرس والمهر Mare and Foal Test:

وهو اختبار متاهات مصورة عبارة عن لوحة ملونة بها صورة لفرس ومهر يعدو إلى جوارها. تنتـزع أجزاء من الشكل العام للفرس كالساقين الأماميين ومن

---

[1] عبد المنعم الحفني، علم النفس في حياتنا اليوم – مكتبة مدبولي، القاهرة 1995، ص: 699.

المهر كالرأس ويطلب إلى المفحوص إعادة هذه الأجزاء إلى أماكنها في اللوحة وتحتسب الدرجة على زمن الإجابة وعدد الأخطاء.

2- اختبار لوحة أشكال سيجان Seguin Formboard Test:

وهو عبارة عن لوحة بها أماكن لعشر قطع هندسية ويطلب إلى المفحوص أعادتها إلى أماكنها. وتحسب له الدرجة على أساس الزمن الذي تستغرقه ثلاث محاولات.

3- اختبار لوحة الأشكال الخمسة Five - Figure - Board Test:

يتضمن هذا الاختبار خمسة أشكال هندسية مجزأة إلى قطعتين أو ثلاث ويطلب إلى المفحوص تجميع أجزاء كل شكل في مكانه في اللوحة. تحسب الدرجة على الوقت وعدد الأخطاء.

4- اختيار لوحة الشكلين Two - Figure - Board Test:

يتكون هذا الاختبار من شكلين هندسيين الأول مجزأ إلى أربعه أجزاء والثاني إلى خمسة. يطلب إلى المفحوص تجميع كل شكل في مكانه من اللوحة. تحسب الدرجة على الزمن وعدد الحركات اللازمة في الأداء.

5- اختبار لوحة التقديرات Casuist Board Test:

وهي عبارة عن لوحة بها أربعة أماكن تتسع لأشكال موزعه على (12) قطعة. يطلب إلى المفحوص ملء الأماكن بالقطع المناسبة. تحسب الدرجة على زمن الأداء وعدد الأخطاء.

6- اختبار متاهة هيلي Healy puzzle Test:

وهو عبارة عن خمسة مستطيلات ويطلب إلى المفحوص وضعها في لوحة مستطيلة. تحسب الدرجة على زمن الأداء والحركات اللازمة له.

7- **اختبار ملامح الوجه Feature Profile Test:**

وهو عبارة عن أجزاء خشبية تجميعها يصنع ملامح وجه رجل. تحسب الدرجة للمفحوص على السرعة.

8- **اختبار الباخرة Ship Test:**

يتضمن هذا الاختبار صورة لباخرة مجزأة إلى عشر قطع. يطلب إلى المفحوص تجميعها في لوحه مستطيلة. وتحسب الدرجة على السرعة وعدم الأخطاء.

9- **اختبار هيلي لتكميل الصورة Healy Picture completion Test**

عبارة عن صورة انتزعت منها عشرة مربعات صغيرة. يطلب إلى المفحوص فرز (48) مربعاً مشابهاً ثم تجميع مربعات الصورة منها وتثبيتها في مكانها. تحسب الدرجة على الزمن وعدد الأخطاء.

10- **اختبار المكعبات Cube Test:**

يتكون هذا الاختبار من أربعة مكعبات يدق الفاحص عليها بمكعب خامس بنظام معين. يطلب إلى المفحوص أن يقلد الفاحص بجميع مرات الدق. تحسب الدرجة على ما يستطيع المفحوص تقليده من الدقات.

سادساً- إختبار جود انف Good enough:

اختبار رسم الرجل Draw – a man Test:

ظهر هذا الاختبار للباحثة الأمريكية جود انف عام (1926). يطلب إلى المفحوص أن يرسم صورة كاملة لرجل بأفضل مظهر ممكن. ويتميز هذا الاختبار بسهولة الاستعمال والتطبيق وتفسير النتائج. ظل هذا الاختبار مستخدماً حتى سنة (1963) حيث اجري عليه تعديل ونشر باسم اختبار الرسم لجود انف وهاريس: Good Enough – Harriss Drawing Test

ويتطلب هذا التعديل أن يقوم المفحوص برسم صورة لرجل وصورة أخرى لامرأة. ويتم تقدير أداء الطفل في هذا الاختبار على أساس عدد الأفكار الصحيحة التي يعبر عنها رسمه، بغض النظر عن الناحية الفنية. ويقيس الاختبار بذلك دقة الطفل في الملاحظة ونمو تفكيره المجرد.

وقد أشار هاريس إلى أن المنطلق في هذا الاختبار هو أن طبيعة الرسوم ومحتواها يعتمدان أساساً على النمو العقلي، ومن هذا المنطلق تؤخذ الرسوم دليلا على مستوى النمو العقلي ومؤشراً للقدرة العقلية العامة أو الذكاء.

يصلح هذا الاختبار للفئات الخاصة من الأفراد المعوقين والمتخلفين عقليا الذين لا تصلح لهم اختبارات الذكاء.

تتكون بنود اختبار رسم الرجل من (73) بنداً تمثل تدرجاً في صعوبة الاختبار وتعكس التمايز في الأعمار، أما اختبار رسم المرأة فيتكون من (71) بنداً ويحصل المفحوص على درجة البند إذا استكمل محكات الدرجة عليه.

تم تقنين الاختبار الأصلي على عينة من (100) طفل من الذكور والإناث من كل مرحلة عمرية (من الحضانة حتى نهاية السنة الثالثة عشرة).

وبالرجوع إلى الجدول المعياري تحول العلامة الكلية التي يحصل عليها المفحوص إلى عمر عقلي ثم تحسب نسب ذكاء المفحوص.

سابعاً- اختبار المصفوفات المتتابعة (رافن):

Progressive Matreces Test (Raven)

أعد رافن هذا الاختبار في إنكلترا بهدف قياس الذكاء العام بمفهوم سبيرمان. ويعد هذا الاختبار بنظر علماء النفس الإنجليز من أفضل الاختبارات المتاحة لقياس الذكاء العام. لقد انتشر الاختبار انتشاراً واسعاً خارج انجلترا ولقي اهتماماً كبيراً في الولايات المتحدة الأمريكية والدول الأوروبية وفي كثير من دول العالم الثالث في آسيا وأفريقيا وأمريكيا اللاتينية.

يتألف اختبار المصفوفات المتتابعة (المتدرجة) من مجموعة من الأشكال المتعاقبة أو المتتابعة ترتبط كل منها بعلاقة ما وتقدم مع خلية واحدة فارغة. ويطلب من المفحوص أن يختار من بين البدائل المعطاة له ذلك البديل أو (الشكل) الذي يتسق مع الأشكال الأخرى، بعد اكتشاف العلاقة القائمة بينها لملء الخلية الفارغة.

يعتمد هذا الاختبار بصورة أساسية على القدرة على إدراك العلاقات بين وحدات مجردة. وتتزايد صعوبة الاختبار بصورة تدريجية، حيث تبدأ بالبنود السهلة التي تتطلب القيام بالمزاوجة أو المقابلة الادراكية البسيطة، وتعتمد على الدقة في التمييز بصورة أساسية، وتنتهي بالبنود الصعبة التي تتضمن إدراك علاقات مجردة تخص الشكل أو الاتجاه أو العدد.

يتكون الاختبار بكليته من (60) بنداً اختباريا أو (مصفوفة) وزعت إلى خمس مجموعات فرعية أو سلاسل تتضمن كل منها (12) مصفوفة مرتبة وفق مبدأ التدرج في الصعوبة. ويغطي الامتحان مدى عمرياً واسعاً يبدأ بالخامسة من العمر وينتهي بمستوى الراشدين. يمكن تطبيق هذا الاختبار، بصورة فردية أو جماعية.

تم تقنين الاختبار على عينة بريطانية قوامها (1407) من الأطفال و(3665) من الراشدين المجندين خلال الحرب العالمية الثانية و(2192) من الراشدين المدنيين.

وتم حساب ثبات الاختبار بطريقة إعادة تطبيقه على مجموعات من كبار الأطفال والراشدين وتراوحت معاملات ثباته من (0.70) إلى (0.90).

نقل هذا الاختبار إلى اللغة العربية من قبل الهيئة الفنية للخدمة السيكولوجية العسكرية في مصر كما جرت محاولات في العراق، ولبنان لتقنينه، وفي السعودية بإشراف مركز البحوث التربوية بجامعة أم القرى، وأظهرت دراسات الصدق الخاصة بهذا الاختبار ارتباطا عالياً ببعض مقاييس الذكاء وبالتحصيل الدراسي. مما يدل على صدق هذا الاختبار في البيئة العربية.

ثامناً - اختبار اوتيس ولينون للقدرات العقلية:

Otis – Lennon Mental Ability Test

يقيس هذا الاختبار مجموعة من القدرات والوظائف العقلية المتنوعة كإدراك المتشابهات والفروق والتصنيف والاستدلال الحسابي وتعريف الألفاظ وإكمال المتشابهات ويشمل الاختبار المستويات الآتية:

1- المستوى الأولي Primary Level:

يتضمن هذا المستوى مستويين إثنين هما:

- المستوى (1) للصف الأول

- المستوى (2) للصفين الثاني والثالث

ويطلب إلى المفحوص أن يملأ دائرة صغيرة تحت الصورة التي يختارها من بين عدد من الصور ألحقت بكل منها دائرة صغيرة كما في المثال التالي:

يتطلب تطبيق اختبارات المستوى (1) والمستوى (2) (80) دقيقة وذلك في جلستين أو ثلاث جلسات وتعطى التعليمات شفهيا للمفحوصين. وقد وضعت البنود الخاصة بكل مستوى في ثلاث مجموعات هي:

أ- التصنيف.

ب- المتشابهات.

ج- إتباع الاتجاهات

2- المستوى الابتدائي   Elementary Level:

يشمل هذا المستوى الصفين الرابع والخامس وتقيس اختبارات هـذا المسـتوى السـلوك اللفظـي والشكلي والاستدلال الكمي والقدرة على الفهم اللفظي. يستغـرق تطبيـق اختبارات هـذا المسـتوى (45) دقيقة ويقوم المفحوص بقراءة البنود بنفسه.

3- المستوى المتوسط   Intermediate Level:

يشمل ثلاثة صفوف هي السادس والسابع والثامن. وتشبه بنوده بنود المستوى السابق مـن حيـث المحتوى والزمن اللازم للتطبيق وتختلف عنها من حيث درجة الصعوبة.

4- المستوى المتقدم   Advanced Level:

ويشمل الصفوف التاسع والعاشر والحادي عشر والثاني عشر. واختبارات هذا المستوى تمثل بدورها امتداداً صاعداً لاختبارات المستوى السابق.

تم تقنين الاختبار على عينة أمريكية مؤلفة مـن (130000) تلميـذ وكانـت هـذه العينـة ممثلـة تقريباً للمجتمع الأصلي لتلاميـذ الولايـات المتحـدة الأمريكيـة وروعـي في اختيارهـا نـوع النظام المدرسـي والمنطقة الجغرافية والوضع الاجتماعي والاقتصادي والعرقي. بلغت معاملات ثبات الاختبار نحو (0.90).

يتصف هذا الاختبار بالمزايا التالية:

أ- انه صمم بعناية كبيرة.

ب- اشتقت معايير حديثة له من عينة قومية واسعة وممثلة.

ج- يغطي مرحلة التعليم قبل الجامعي برمتها.

د- أنه صادق إلى حد بعيد في قياس ما وضع لقياسه.

هـ- أنه أداة مفيدة سواء لأغراض التوجيه والارشاد أم لأغراض التصنيف وغيرها.

تاسعاً- اختبار ألفا واختبار بيتا:

وضع هذين الاختبارين مجموعة من علماء النفس الأمريكيين البارزين أثناء الحرب العالمية الأولى.

يعتمد اختبار (ألفا) على النواحي اللفظية أما اختبار (بيتا) يعتمد على الناحية العملية (غير اللفظية) وقد وضع للاميين وللذين لا يتكلمون اللغة الإنجليزية.

ومن الأمثلة على مقياس (ألفا) الجمعي اللفظي:

1- لماذا نستعمل مواقد النار؟

أ- لأن منظرها بهيج

ب- لأن نارها تدفئنا

ج- لأنها سوداء

2- القطط حيوانات نافعة. لماذا؟

أ- لأنها تمسك الفئران

ب- لأنها أليفة

ج- لأنها تخاف الكلاب

3- إذا سئلت عن رأيك في شخص لا تعرفه من قبل فماذا تقول؟

أ- اذهب إليه وأتعرف عليه

ب- أظن انه لا بأس به

ج- لا اعرفه فلا أستطيع أن أقول عنه شيئاً.

ومن الأمثلة على مقياس (بيتا) وهو جمعي عملي:

1- يطلب إلى المفحوص تكملة الناقص من كل صورة من الصور التي تعرض عليه.

2- رسم خط أو أكثر في مربع ينقسم إلى أشكال مماثلة لأشكال ترسم بجانبه.

عاشراً- اختبار التصنيف العام للجيش:

Army General Classification Test

وضع هذا الاختبار في أثناء الحرب العالمية الثانية وطبق على أكثر من(12) مليون جندي أمريكي

ويتكون هذا الاختبار من ثلاثة أنواع من الاختبارات هي:

- اختبار المحصول اللغوي.
- اختبار القدرة على حل مسائل حسابية.
- اختبار تقدير عدد المكعبات في شكل معين.

الحادي عشر- اختبارات التفكير التجريدي:

1- اختبارات المكعبات (جولد شتين- شيرير):

يتكون الاختبار من (12) مكعبا خشبياً كل مكعب أوجهه ملونة بالألوان التالية: الأبيض- الأحمر- الأزرق- الأصفر- (أبيض – أحمر) – (أزرق- أصفر). للاختبار (12) شكلاً أو تكويناً لكل منها (4) بطاقات متدرجة في السهولة.

2- اختبار فرز الأشياء:

يتكون الاختبار من (30) شيئاً من الأشياء التي تستخدم في الحياة اليومية. يمتاز هذا الاختبار بتعدد الفئات التي يمكن إجراء الفرز على أساسها وتداخلها وهذه الفئات هي: اللون، الشكل، العدد، الحجم، المادة، الاستخدام.

3- اختبار تكوين المفهوم الكلي:

يتكون الاختبار من (22) قطعة خشبية ألوانها هي:
أبيض، أزرق، أحمر، أصفر، أخضر. وأشكالها هي:

دائرة، مربع، مثلث، نصف دائرة، شبه منحرف، سداسي.

وتنقسم القطع إلى أربعة مجموعات حسب الحجم. تقدم القطع للمفحوص ويطلب منه أن يصنفها في مجموعات أربعة ويذكر مبدأ التصنيف.

4- اختبار مرونة الفكر (برج):

يتكون الاختبار من (64) بطاقة من الورق المقوى في مساحة ورق اللعب (الشدّة) وهي ذات أربعة ألوان (أحمر، أصفر، أزرق، أخضر) متساوية العدد ومرسوم عليها الأشكال التالية : نجمة - دائرة - مثلث - مربع.

وتوزع الأشكال على كل لون من البطاقات من حيث العدد كما يلي:

- بطاقة من كل لون رسم عليها   نجمة واحدة

- = = = = =   نجمتان

- = = = = =   ثلاث نجوم

- = = = = =   أربع نجوم

توضع أمام المفحوص أربع بطاقات مختلفة الألوان والأشكال وعدد الأشكال في كل بطاقة ويطلب من المفحوص أن يفرز البطاقات الأخرى حسب ملاءمتها للبطاقة التي وضعت أمامه والمبادىء التي يعتمد عليها الفاحص في التصحيح هي على الترتيب:

1- اللون	2- العدد	3- الشكل
4- العدد	5- الشكل	6- اللون
7- الشكل	8- اللون	9- العدد

أما اختبارات التفكير التجريدي اللفظية فهي:

1- اختبار المتشابهات- وكسلر.

2- اختبار التعميم (سموك).

3- اختبار الأمثال: يتكون الاختبار من (25) من الأمثال الشعبية المتضمنة لمفاهيم محسوسة ويطلب إلى المفحوص بيان المعنى المقصود من المثل بصفة عامة.

الثاني عشر- اختبار متاهات بورتيوس :

وهي عبارة عن رسوم من نوع المتاهات، تتدرج في الصعوبة وتبدأ بما يناسب الأطفال في الثالثة من العمر العقلي وتنتهي بما يناسب من هم في سن الرابعة عشرة. يطلب إلى المفحوص أن يمر بقلمه على ممرات المتاهة ابتداء من المدخل وانتهاء بالمخرج.

تقيس هذه الاختبارات قدرة الفرد على الاستبصار والتخطيط وتصلح للأسوياء والجانحين والمنحرفين وضعاف العقول، حيث أثبتت هذه الاختبارات نجاحها مع الأشخاص الذين يتمتعون بذكاء منخفض.

الثالث عشر- اختبار الذكاء المصور:

وهو اختبار عملي، صالح للتطبيق من سن (8- 17) سنة وللاختبار كراسة تعليمات تشرح طريقه الأجراء والتصحيح وبالتالي حساب نسب الذكاء.

الرابع عشر- اختبارات التدهور العقلي:

1- اختبار بابكوك- ليفي Babcock Levy Test :

تكونت قائمة اختبارات بابكوك الأصلية من (24) اختبارا فرعياً ثم اختصرت إلى تسعة اختبارات فرعية مقسمة إلى مجموعات ثلاث هي:

أ- مجموعة اختبارات التكرار وهي اختبار إعادة الأرقام تقدماً ونكوصاً واختبار إعادة الجمل.

ب- مجموعة اختبارات التعلم وتتكون من أربعة اختبارات الأول منها استدعاء مباشر لأحداث قصة تتلى على المفحوص. والاختبار الثاني هو الاستدعاء المؤجل للقصة بعد أن يعيد الفاحص تلاوتها، ويطبق هذا الاختبار على المفحوص بعد عشر دقائق من تطبيق الاختبارات الفرعية الأخرى. ولهذين الاختبارين قيمة تشخيصية لارتباطهما بوظيفة الذاكرة. والاختبار الثالث هو اختبار رموز الأرقام وعدد بنوده (50) بنداً.

والاختبار الرابع هو اختبار ارتباط ثنائيات كلمات حيث ينطق الفاحص كلمة وعلى المفحوص أن يرد بكلمة تناسبها.

ج- مجموعه الاختبارات الحركية: وهي مكونة من ثلاثة اختبارات تقيس سرعة الحركة ودقتها.

الأول رموز الأرقام. والثاني اختبار زمن كتابة جمل. والثالث اختبار زمن مرور بالقلم في متاهة مزدوجة المسالك.

حسبت المعايير من درجات (1435) مفحوص تتراوح أعمارهم بين(7- 24) سنة وقد حسب الثبات بطريقه التجزئة النصفية حيث تراوحت معاملات الارتباط بين الجزئين من (0.83 إلى 0.92) ترتب الاختبارات التسع في مجموعات ثلاث هي: التعلم والقدرة الحركية والتكرار. وتعتبر درجة كل مجموعة هي متوسط مجموع درجات الاختبارات الفرعية التي تتكون منها ودرجة الكفاءة هي مجموع متوسطات المجموعات. ويحسب(عمر المفردات) من درجته على اختبار المفردات لمقياس بينيه.

وعلى هذا تحسب رتبة الفرد على النحو الآتي:

1- تحول درجة المفردات إلى (عمر المفردات).

2- يستخرج المتوسط المتوقع لمستوى الأداء على الاختبارات الفرعية الأخرى المناظر لعمر المفردات لدى الفرد من جدول المعايير الخاص بالاختبار وتسمى هذه القيمة المتوسط المتوقع.

3- يحسب متوسط الدرجات الفعلية ويسمى هذا المتوسط درجة الكفاءة الكلية من تطبيق الاختبارات الفرعية.

4- يطرح المتوسط المتوقع من متوسط الدرجات الفعلية والناتج يعتبر معامل الكفاءة، والعامل السالب يدل على درجة التدهور العقلي.

2- اختبار شبلي (Shiply) لقياس التدهور العقلي:

وهو عبارة عن اختبار ورقة وقلم ويمكن أن يطبق بصورة جمعية كوسيلة سريعة للكشـف عـن التلف العقلي أو العجز في الأداء العقـلي ويبـين الاختبـار درجات منفصـلة لأجـزاء المفـردات والتجريـدات وتعتمد النسبة المفهومية على فرضية أن درجة التجريد المنخفضة انخفاضا غير عادي بمقارنتها بـالمفردات تدل على نقص عقلي يرجع إلى تدمير المخ أو بعض الاضطرابات الوظيفية الأخرى.

3- اختبار وكسلر للذاكرة Wechsler memory Scale:

نشر وكسلر هذا الاختبار عام (1945) ويتكون من خمسة اختبارات فرعية هي:

■ اختبار المعلومات الذاتية والأحداث الجارية وهو يتكون من ست أسئلة بسيطة.

■ اختبار إدراك الاتجاه ويتكون من خمسة أسئلة لتقويم إدراك المفحوص للاتجاه (زماني – مكاني).

■ اختبار الضبط العقلي ويتطلب أن يعد المفحوص عكسياً من 30 – 20 على أساس ثلاثات.

■ اختبار التذكر البصري ويعتمد على تذكر أشكال هندسية عن طريق رسمها بعد رؤيتها.

■ اختبار التعلم الارتباطي.

وقد تم حساب المعايير من فحص (200) مفحوص تتراوح أعمارهم بين (25 – 50) سنة.

4- اختبار التآزر البصري - الحركي:

يتكون الاختبار من تسعة رسوم (بطاقات) تقدم للمفحوص الواحدة تلو الأخرى. يستخدم هذا الاختبار للكشف عن الانحرافات أو التشويهات الادراكية لدى المصابين بتدمير المخ والتخلف في النمو العقلي.

الخامس عشر - لوحة أشكال سيجان: [1]

هي عبارة عن لوحة خشبية تتضمن عشرة أشكال مفرغة فيها. والأشكال من النوع البسيط كالمثلث والمستطيل والمربع كما هو مبين أدناه. يطلب من المفحوص أن يضع القطع المناسبة في أماكنها بأقصى سرعة ممكنة. يجب أن يجري الاختبار ثلاث مرات ويحسب الزمن بدقة بالثواني ويسجل زمن كل محاولة. ويرصد أقصر زمن في المحاولات الثلاث كما يرصد الزمن الكلي للمحاولات الثلاث مجتمعة. وبعد ذلك يتم اللجوء إلى جدول المعايير حيث توجد مقابلة للزمن الذي أجريت فيه المحاولات. وذلك للتوصل إلى العمر العقلي.

ومن مزايا هذا الاختبار أنه يقيس الذكاء من سن (3.5) سنة إلى (20) سنة.

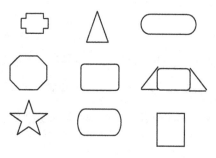

[1] احمد زكي صالح، علم النفس التربوي، النهضة العربية – القاهرة 1972 ص: 459.

النموذج الثاني: اختبارات قياس الشخصية

جرت محاولات كثيرة في التاريخ القديم والحديث لدراسة شخصية الإنسان وكان من هذه المحاولات:

أولاً- دراسة الشخصية عن طريق التنجيم وقراءة الكف والفراسة:

لقد دلت نتائج البحث الذي أجراه (كارل بيرسون) عام (1906) على(5000) تلميذ من تلاميذ مدارس التعليم العام بانجلترا وعلى (1000) طالب من طلبة الجامعات على أن الذكاء كما يقدره المدرسون والخبراء لا يرتبط بالمقاييس وكذلك دلت نتائج البحث الذي قام به (جولتون) عام (1886) على خطأ الفكرة التي تحاول أن تستنتج ذكاء الناس من دراسة الدماغ والجمجمة.

كان لهذه النتائج أهميتها القصوى في تطوير وسائل القياس وفي تمهيد السبيل لقبول فكرة القياس والتغلب على العوائق التي كانت تجعل تحقيق هذه الفكرة أمراً مستحيلاً.

بانتهاء هذه المرحلة بدأت المرحلة الثانية التي تعتمد في جوهرها على قياس النواحي الحسية والحركية.

لم تثمر الوسائل الحسيه والحركية ثمرتها المرجوة في قياسها للذكاء وقد دلت نتائج التجربة التي أجراها (كاتل) عام 1890 على ضعف علاقة هذه النواحي بالذكاء.

ثانياً- تأثير حركة القياس النفسي:

لقد اهتم عالم النفس الانجليزي (فرانسيس جالتون) (1822 – 1911) بالقياس العقلي وقياس الشخصية كما اهتم بقياس الانفعالات والوظائف الفسيولوجية المرتبطة بالجوانب النفسية.وكذلك اهتم الفرد بينيه (1857-1911) بدراسة الفروق النفسية ثم توصل إلى مقياسه الذائع الصيت للذكاء.

ثالثاً- تأثير حركة علم النفس المرضي:

اهتم بعض العلماء بقياس الجوانب المرضية من سلوك الإنسان ومن هؤلاء العلماء الطبيب النفسي الألماني (اميل كربلين) (1856 – 1926) حيث يستخدم ما يسمى اختبارات تداعي المعاني Word Association وكذلك استخدم عالم النفس السويسري كارل يونج (1875 – 1961) اختبارات تداعي المعاني كأدلة تشخيصية واستخدمها لكشف الاضطرابات النفسية عند مرضاه.

في طريقة تداعي المعاني، تقرأ قائمة من الكلمات على المفحوص، ويطلب منه أن يستجيب لكل كلمة منها بأول كلمة تخطر على باله وقام (يونج) بقياس الفرق الزمني بين الكلمة المثير والكلمة الاستجابة، وكذلك ما يصاحب الاستجابة من تغيرات فسيولوجية.

وتوصل (يونج) إلى أنه إذا حدث تأخر في الاستجابة مع تغيرات فسيولوجية (مثل العرق أو ارتعاش اليدين أو اصفرار الوجه... الخ) فإن الكلمة المثير المحدثة لذلك تتعلق بمشكلة انفعالية لا شعورية عند المفحوص. وفي سنة (1917) أعد ودورث Wood worth قائمة التوافق الشخصية وقد أجري عليها العديد من التحسينات خلال الحرب العالمية الأولى.

استطاع عن طريق هذا الاختبار أن يعزل الأفراد غير الثابتين انفعالياً بحيث يعفون من الخدمة في الجيش الأمريكي. يتكون هذا الاختبار من (116) سؤالاً أصبحت فيما بعد هي الأسئلة الأساسية في كل اختبار للشخصية مع شيء من الإضافة أو التغيير أو الحذف.

رابعاً- تاثير حركة التحليل النفسي:

لعبت حركة التحليل النفسي دوراً فعالاً في قياس الشخصية حيث أنها تأثرت بالنظرية التي تقوم على فرضية مضمونها أن الشخصية مكونة من قوى بعضها شعوري وبعضها لا شعوري وان الاضطرابات النفسية هي نتيجة فعاليات القوى، اللاّشعورية ولهذا رأت هذه الحركة أن الطريق السليم لفهم الفرد هو التوصل إلى

العوامل اللاشعوريه المؤثرة على سلوكه. ومما ساعد على تقوية دور مدرسه التحليل النفسيـ في قياس الشخصية ظهور مدرسة الجشطلت وما توصلت اليه من التأكيد على كلية النظرة إلى الشخصية. وهذان الاتجاهان (التحليل النفسي والجشطلت) ساعدا على بروز الاتجاه الذي تبناه عالم النفس السويسري (هرمان رورشاخ) (1883 – 1922) على وضع اختباره بقع الحبر الذي لقي اهتماما خاصاً من الاخصائيين النفسيين وذلك على أساس أنه وسيلة لقياس فعاليات الجانب اللاشعوري في الشخصية.

خامساً- تأثير حركة الإحصاء النفسي:

قام فريق من علماء النفس بإعداد اختبارات تقوم على الإحصاء النفسي وما يتصل به من أمور متعلقة بالثبات والصدق والمعايير وكان هدفهم قياس سمات محددة في الشخصية بدلاً من الحكم على الشخصية بوجه عام كما هو الحال بالنسبة للاختبارات الاسقاطية.

لقد لقي هذا الاتجاه (السيكومتري) نقداً حيث أن العبارات أو الأسئلة التي تتكون منها هذه الاختبارات لا تقيس إلا جانباً ظاهرياً من الشخصية وقد يلجأ المفحوصون إلى إعطاء صورة غير حقيقية عن الذات (تزييف الاجابات) وهذا الاتجاه السيكومتري يظهر في اختبار (بل) للتوافق (Bell Adjustment Test)، وله صورتان: الأولى للطلاب من الإعدادي حتى الجامعة والثانية للراشدين. وقد ضمن بل (Bell) هذا الاختبارات أسئلة لتقدير التوافق العائلي للمفحوص من حيث رضاه عن حياته الأسرية وصحته وتوافقه الاجتماعي والوجداني وما يستشعره من أوجه الخجل أو الانطواء والخضوع والاكتئاب والعصبية ويجاب عن الأسئلة بأحد البدائل (نعم، لا، ؟).

ويظهر كذلك في اختبار بيرنر ويتر للشخصية Test Bernreuter Personality الذي اشتق بنوده من اختبارات ثيرستون وليرد وأولبرت، ويبلغ عدد بنوده (25) تضمنتها ستة مقاييس للعصابية والاكتفاء الذاتي (والأنطواء- الانبساط)

(والسيطرة- الخضوع) والاجتماعية والثقة بالنفس ويجاب عليها بأحد البدائل الثلاثة (نعم، لا، ؟).

وعلى الرغم من توجيه بعض الملاحظات على هذا الاتجاه السيكومتري فإن الاختبارات التي أعدت طبقا لهذا التوجه أصبحت تقليداً راسخاً في القياس النفسي واحتلت مكانة هامة بعد استخدام الحاسبات الآلية في تصحيح اختبارات الشخصية وتفسير نتائجها.

سادساً- تأثير حركة علم النفس الصناعي والمهني:

إن اهتمام علم النفس الصناعي والمهني بوضع الشخص المناسب في المكان المناسب أدى إلى ظهور اختبارات الميول المهنية للأفراد. فقد ظهر في أواخر العشرينات اختبار سترونج (Strong Vocational Interst Test) للكشف عن الميول والاهتمامات. ويفيد هذا الاختبار في التوجيه المهني والتربوي ويعد هذا الاختبار من الاختبارات الرائدة في مجال الميول والمهنة. وظهر في الثلاثينات اختبار كودر للميول.

سابعاً- تأثير الحركة السلوكية:

ظهر هذا الاتجاه في الستينات والسبعينات من هذا القرن وركز على إدخال القياس السلوكي في مجال الشخصية وفي مجال علم النفس الإكلينيكي.

هذه العوامل مجتمعة أدت إلى ظهور حركة قياس الشخصية وإلى ظهور العديد من اختبارات الشخصية المتنوعة ومن هذه الاختبارات:

أولاً- اختبار الشخصية السويّة (كاليفورنيا):

بدأ هاريسون جوف (Harrison Gough) إعداد هذا الاختبار منذ عام (1952) وقد نشر للتطبيق عام (1957) وروجع عامي (1964،1969) وقد أعد الدكتور عطية محمود هنا والدكتور محمد سامي هنا صورة عربية له عام (1973).

وكان الغرض من تصميم الاختبار تحقيق هدفين في قياس الشخصية هما:

أ- الهدف النظري وهو استخدام وتطوير مفاهيم في الشخصية متعلقـة بـالفرد السـوي والمجتمع، حيـث أن الكثير مـن اختبـارات الشخصيه المقننة ووسـائل القيـاس المتـوفرة قـد صممت للاستخدام في العيادات النفسية أو لمعالجة مشكلة معينة.

ب- الهدف العملي وهو الوصول إلى مقاييس فرعية مختصرة ومضبوطة يمكـن الاعتماد عليها في تحديد المتغيرات المتضمنة في الاختبار وقياسها.

يبلغ عدد البنود في الاختبار (480) بنداً تتجمع في (18) مقياساً مقسمة إلى أربع أقسام هي [1]:

القسم الأول: ويتضمن مقاييس:

- السيطرة
- القدرة على بلوغ المكانة الاجتماعية
- الميل الاجتماعي
- الحضور الاجتماعي
- تقبل الذات
- الشعور بالرضى النفسي والسعادة.

القسم الثاني: ويتضمن مقاييس:

- المسؤولية
- المجاراة والنضج الاجتماعي
- ضبط الذات (التحكم في النفس)
- التسامح

---

[1] الدكتور عطية محمود هنا ورفيقه، علم النفس الإكلينيكي، الجزء الأول التشخيص النفسي، دار النهضة العربية، القاهرة، 1976، ص: 414 – 415

- إظهار الذات في صورة مقبولة اجتماعيا
- مجاراة النمط الاجتماعي الشائع (التشيع)

القسم الثالث: ويتضمن مقاييس :
- الإنجاز مقابل المسايرة
- الإنجاز مقابل الاستقلال
- الكفاية العقلية

القسم الرابع: ويتضمن مقاييس:
- العقلية السيكولوجية
- المرونة
- الأنوثة

ويطبق الاختبار جمعياً أو فردياً ويناسب الأعمار من (12- 70) وللاختبار معـاملات صـدق وثبـات مرتفعة.

ثانياً- اختبار كاليفورنيا لشخصية الأطفال: California Test of Personality:
أعد هذا الاختبار ليكشف عن عدة نواحي من شخصية الطفل يمكن أن يطلق عليها التكيف العـام ويتضمن ستة مقاييس هي:
- اعتماد الطفل على نفسه.
- إحساس الطفل بقيمته.
- شعور الطفل بحريته.
- شعور الطفل بالانتماء.
- التحرر من الميل للانفراد.
- العلاقات في البيئة المحلية.

للاختبار معايير صدق وثبات مرتفعه ويطبق فردياً وجماعياً.

ثالثاً- اختبار بيرنر وبينز للشخصية:

وضع هذا الاختبار عام 1932 وبلغ عدد بنوده (125) بنداً تضمنتها ستة مقاييس لقياس الشخصية

هي:

- الميل العصابي
- الاكتفاء الذاتي
- الانطواء- الانبساط
- السيطرة- الخضوع
- الثقة بالنفس
- المشاركة الاجتماعية

ويجاب عن البنود (نعم) أو (لا) أو بعدم تحديد الرأي (؟). وقد أكدت الدراسات وجود معاملات ارتباط عالية بين الميل العصابي والانطواء- الانبساط (0.95) وبين الميل العصابي والثقة بالنفس (0.95) وكذلك بين الانطواء الانبساط والثقة بالنفس (0.90) وبين الميل العصابي والسيطرة- الخضوع (0.80) وبين السيطرة- الخضوع والثقة بالنفس (0.88).

قام بتعريب هذا الاختبار إلى اللغة العربية الدكتور محمد عثمان نجاتي وأعد له كراسة تعليمات وصحيفة تقرير ومفاتيح للتصحيح وقد ذكر نجاتي أن الدراسات السابقة التي استخدمت الاختبار أكدت أن مقاييسه الستة على درجة كبيرة من الثبات والصدق بحيث يمكن الاطمئنان إلى دقتها في قياسها لسمات الشخصية التي وضعت من أجلها.

رابعاً- اختبار الشخصية المتعدد الأوجه (منيسوتا):

Minnesopta Multiphasic Personality Test

ظهر هذا الاختبار لأول مرة في أمريكا عام (1943) وذلك بهدف التوصل إلى تقدير موضوعي لبعض السمات الرئيسية في الشخصية والتي تؤثر على

التوافق الذاتي والاجتماعي للفرد. ويعد هذا الاختبار من أوسع اختبارات الشخصية انتشارا ونشرت حوله عدة دراسات واشتق منه العديد من الاختبارات.

ينسب الاختبار لجامعة منيسوتا حيث كان يعمل فيها المؤلفان لهذا الاختبار وهما (هاثاواي) (Hathaway) الأخصائي النفسي الأمريكي و(ماكنلي) (Mckinely) الطبيب النفسي ـ الأمريكي وقد استغرق وضعه منهما تجارب علمية استمرت عشر سنوات من سنة (1930) حتى سنة (1940) ولم يتيسر ـ نشره إلا سنة (1943). واختبار منيسوتا على صورتين فردية وجمعية والصورة الجمعية هي المتداولة في الوطن العربي وهي من إعداد عطية هنا وعماد الدين اسماعيل ولويس كامل مليكة وتحتوي على (550) عبارة، والعبارة هي جملة تقريرية يطلب إلى المفحوص أن يجيب عليها بأحد البدائل الثلاثة وهي: (نعم) أو (لا) أو (لا أدري) المعبر عنها بعلامة الاستفهام (؟).

والاختبار عبارة عن كراسة أسئلة وورقة إجابة وعلى المفحوص أن يجيب ببديل من البدائل الثلاثة ويدون ذلك على ورقة الإجابة. ويتم إجراء هذا الاختبار على الأشخاص الذين أعمارهم (16) سنة وما فوق علماً أنه ثبت جدواه في اختبار المراهقين دون السادسة عشرة وقد جمعت عبارات الاختبار أربعة مقاييس صدق وتسع مقاييس إكلينيكية أضيف إليها مقياس عاشر وهي:

أولاً ـ مقاييس الصدق:

أ ـ مقياس؟: (عدم امكان الاجابة أو لا استطيع أن أقرر).

ب ـ مقياس الكذب (ل) (Lying) وهو (15) عبارة.

ج ـ مقياس الخطأ (ف)(Validity) وهو (64) عبارة.

د ـ مقياس التصحيح (ك) (Correction) وهو (30) عبارة.

ثانياً- المقاييس الإكلينيكية:

1- مقياس توهم المرض (هـ س) (Hyponchondriasis Scale)(H. S):

وهو يشتمل على (33) عبارة تكشف عن حالات القلق الزائد والاهتمام المفرط بوظائف الجسم (الهضم والتنفس والابصار والنوم).

2- مقياس الاكتئاب(د) (D) (Depression Srale):

يتضمن (60) عبارة تكشف عن تدني الروح المعنوية والاتجاه لليأس والشعور الشديد بالإحباط وسوداوية النظرة إلى الأمور. تشير الدرجة المنخفضة على هذا المقياس إلى صفات النشاط والكفاءة في العمل والثبات الانفعالي وسرعة التكيف والنشاط والمغامرة. أما الدرجة المرتفعة على هذا المقياس فإنها تشير إلى صفات التحفظ والابتعاد الاجتماعي وعدم الرضا بوجه عام وشدة الانفعال والانعزالية وسرعة التقلب الانفعالي.

3- مقياس الهستيريا (هـ ي) (Hy) (Hysteria Scale):

يتضمن (60) عبارة تقيس درجة تشابه سلوك المفحوص وسلوك المرضى بالهستيريا. وقد تم اختبار عبارات القياس على أساس قدرتها التمييزية بين الأسوياء وجماعات من المرضى المصابين بالهستيريا التحويلية.

وتدور عبارات المقياس حول موضوعين رئيسيين هما:

1- الأعراض المبدئية أو الجسمية.

2- السهولة واليسر في العلاقات الاجتماعية.

تشير الدرجة المنخفضة على مقياس الهستيريا إلى صفات الثقة بالنفس مع نقص الجدية بالعمل بالنسبة للإناث أما الذكور فيوصفون بالبرود والمسالمة.

أما الدرجة المرتفعة على المقياس بالنسبة للإناث يوصفن بالصراحة والتحمس وإهمال المظهر. أما بالنسبة للذكور يوصفون بسداد الحكم والمثابرة والإقدام والجرأة.

4- مقياس الانحراف السيكوباتي (ب د) (PD) (Psychopathic Deviation) :

يتكون هذا المقيـاس مـن (50) عبـارة أعـدت لتحديـد خصـائص الشخصـية للجماعـات ألالأخلاقيـة واللاجتماعية التي تعاني من اضطرابات سيكوباتية في الشخصية ولهذا سمي المقيـاس السـيكوباتي المنحـرف ويتميز هذا النموذج بالسمات التالية:

أ- التجاهل المستمر للعادات والمعايير الاجتماعية.

ب- عدم القدرة على الإفادة من التجارب العقابية.

ج- الوقوع المتكرر في المشاكل نفسها.

د- ضحالة العلاقات الانفعالية.

وتشير الدرجة المنخفضة على هذا المقياس إلى الصفات التالية في المفحوص:

- مجاراة التقاليد.
- ضيق الميول والاهتمامات.
- الاستسلام للسلطة.
- المرح واعتدال المزاج.
- المثابرة في العمل.
- الخجل والوداعة.

أما الدرجة المرتفعة تشير إلى الصفات التالية في المفحوص:

1- المغامرة.

2- الشجاعة.

3- حسن المخالطة.

4- العدوانية.

5- السخرية.

6- كثرة الكلام.

5- مقياس الذكورة والأنوثة (م ف) : Masculinity – Femiminity Scale (M F)

يتكون هذا المقياس من (60) عبارة تهدف إلى قياس اهتمامـات الجنسيـن واتجاهـات كـل جنس نحو الجنس الآخر. والدرجة المنخفضة على هذا المقياس بالنسبة للذكور تشير إلى:

أ- الثقة بالنفس.

ب- التوازن.

ج- الاستقلال.

أما الدرجة المرتفعة على المقياس بالنسبة للذكور تشير إلى ما يلي:

- معاناة الصراعات الداخلية.

- الاضطراب النفسي.

- انحراف في نمط الاهتمامات في اتجاه الجنس الآخر.

- اتخاذ مواقف صريحة وواضحة تجاه الامور الايجابية.

* هذا المقياس لا يصلح بصورته الحاليـة في البـلاد الإسلامية والمجتمعـات الأمريكيـة في النظـرة إلى مفهوم الذكورة والأنوثة.

6- مقياس البرانويا (ب أ) (Pa) (Paranoia Scale):

يتكون هذا المقياس من (40) عبارة ويسمى أيضا (مقياس الهذاء). أعد هذا المقياس لقياس درجـة الشكوك المرضية والشعور بالاضطهاد والحساسية المفرطة. والـذين يحصـلون عـلى درجـات منخفضـة عـلى المقياس يوصفون بالصفات الآتية:

أ- المرح.

ب- الاتزان.

ج- حسن المخالطة.

د- عدم الثقة بالنفس.

هـ- التركز حول الذات.

أما الذين يحصلون على درجات مرتفعة يوصفون بالصفات الآتية:

أ- القلق.

ب- الحساسية.

ج- الانفعالية.

د- الود والتعاطف (طيبة القلب).

هـ- التعاون والشجاعة.

و- الحيوية وحب العمل.

7- مقياس الوهن النفسي أو السيكاثينيا (ب ت)   Psychasthenia Scale (PT):

يتكون هذا المقياس مـن (48) عبـارة تهـدف إلى قيـاس مـدى التشـابه في السـلوك بـين المفحـوص والمرضى النفسيين الذين يعانون المخاوف المرضية أو الذين لهم سلوك قهري صريح كما في الإفراط في غسـل اليدين أو سلوك قهري ضمني كما في الهروب من الأفكار المتسلطة.

تتضمن عبارات القياس الوساوس والطقوس القهرية للسلوك والمخاوف الشـاذة والقلـق وضعـف الثقة بالنفس والشك في القدرة الذاتية والحساسية بلا مبرر والحزن والعبوس والجمود.

إن الذين يحصلون على درجات منخفضة على هذا المقياس يوصفون بالصفات الآتية:

أ- الرغبة في الإنجاز.

ب- الرغبة في النجاح.

ج- الحذر.

د- التكيف.

هـ- تحمل المسؤولية (الثقة بالنفس).

أما الذين يحصلون على درجات مرتفعة على هذا المقياس يوصفون بالصفات الآتية:

أ- أنهم مسالمون.

ب- أنهم حساسون.

ج- أنهم عاطفيون.

د- الغباء والجمود والفجاجة.

8- مقياس الفصام (س ك) Schizophrenia Scale (S C) :

يتكون من (78) عبارة وضعت لتقيس مدى التشابه بين استجابات المفحوص وسلوك المرضى بالفصام الذين يتصفون بالتفكير والسلوك شديد الغرابة والتبلد وعدم الاهتمام وبالبرود والتباعد عن الآخرين. إن إعداد هذا المقياس استغرق وقتاً وجهداً أكثر من أي مقياس آخر وقد نجح في التمييز بين الأسوياء وبين المرضى الفصاميين.

إن الذين يحصلون على درجات منخفضة على هذا المقياس يتصفون بالصفات الآتية:

أ- الاتزان.

ب- الاستسلام.

ج- تقبل السلطة والتوجيه.

د- ضبط النفس.

هـ- المحافظة على التقاليد.

أما الذين يحصلون على درجات مرتفعة على هذا المقياس فإنهم يوصفون بالصفات الآتية:

أ- القلق وسوء التوافق الانفعالي والمعاناة من الصراعات الداخلية.

ب- الصراحة.

ج- الطيبة.

د - الشجاعة.

هـ- المكابرة والعناد.

9- مقياس الهوس الخفيف (م أ) Hypomania Scale (m a):

يتكون هذا المقياس مـن (46) عبارة. أعـد لقياس الخصائص المميـزة للمـرضى بـالهوس الخفيـف ويتميزون بالنشاط الزائد في التفكير وفي العمل وفي الوقت نفسه يقعون في مشاكل الاهـتمام بإنجـاز أمـور كثيرة والتحمس الذي يفتر بعد مدة قصيرة إن الذين يحصلون عـلى درجـات منخفضـة عـلى هـذا المقياس يوصفون بالصفات الآتية:

أ- الثبات والتوازن.

ب- النضج.

ج- تحمل المسؤولية وقوة الضمير.

أما الذين يحصلون على درجات مرتفعة فإنهم يوصفون بالصفات الآتية:

أ- الإقبال على الناس (الاجتماعية).

ب- الحماس.

ج- الصراحة.

د- حسن التعبير والثرثرة والمغامرة.

هـ- حدة المزاج.

10- مقياس الانطواء الاجتماعي (س ى) Social Introversion Scal (si):

يتكون هذا المقياس من (70) عبارة تهدف إلى قياس النزعة إلى الابتعاد عن الاتصالات الاجتماعيـة. وهذا المقياس ليس مقياساً إكلينيكيا، وذلك لأنه يقيس النزعة

إلى الانطواء والعزوف عن الاتصال بالآخرين. والذين يحصلون على درجات منخفضة على هذا المقياس فإنهم يوصفون بالصفات الآتية:

أ- حسن المخالطة.

ب- تعدد الاتجاهات.

ج- الحماس والثرثرة.

د - الرغبة في لفت الأنظار.

هـ- منافسة الأقران.

و- شيء من المكر والخداع.

أما الذين يحصلون على درجات مرتفعة فإنهم يوصفون بالصفات الآتية:

أ- التواضع.

ب- سوء التوافق والتصرف.

ج- لا يستطيعون اتخاذ القرارات إلا بعد تردد.

د- الاستسلامية للسلطة.

تفسير نتائج اختبار الشخصية المتعدد الأوجه. تحوّل الدرجات الخام التي يحصل عليها المفحوص إلى درجة تائية ويستطيع الاخصائي النفسي أن يعرف الأهمية النسبية لأوجه الشخصية من خلال الحكم على الدرجات التائية للمفحوص على المقاييس المختلفة.

والدرجة المرتفعة هي الدرجة التائية (55) وما يزيد عنها والدرجة المنخفضة هي الدرجة التائية (45) وما يقل عنها والدرجة الواقعة بين (46-54) هي درجة معتدلة.

والجدول التالي يوضح الدرجة الخام والتائية والتفسير لنتائج اختبار الشخصية المتعدد الأوجه.

المقياس	الدرجة	الدرجة	التفسير

	الخام	التائية	
مقياس الكذب	4	41	لدى المفحوص الاستعداد للصراحة والإفصاح وأنه لا يحاول الكذب أو تغطية عيوبه.
مقياس الخطأ	10	49	درجة معتدلة تدل على قدر متوسط ومقبول من تفهم عبارات الاختبار.
مقياس التصحيح	14	50	إن المفحوص يبدى موقفا معتدلا من الإقرار بالعيوب والمتاعب الشخصية.
مقياس توهم المرض	11	55	إن المفحوص يتساوى مع الأسوياء من حيث توهمات المرض.
مقياس الاكتئاب	27	61	تشير إلى أن المفحوص يعاني من أعراض اكتئابية وعدم الرضا وشدة الانفعال والانعزالية.
مقياس الهستيريا	24	57	هي في أدنى درجات الارتفاع لا تشير إلى اقتراب المفحوص من الهستيريا.
مقياس الانحراف السيكوباتي	24	61	يتصف المفحوص بالمغامرة وحسن المخالطة والعدوان والسخرية.
مقياس الذكورة والأنوثة	37	64	يتصف المفحوص بالاضطراب النفسي والميول الأنثوية لديه في الأعمال والهوايات والمناشط الاجتماعية.
مقياس البرانويا	14	55	يتصف المفحوص بالود والتعاطف.
مقياس السيكاثينيا	18	52	لا يختلف المفحوص عن عموم الأسوياء.
مقياس الفصام	24	55	عدم وجود أعراض سلوكية سلبية عند المفحوص.
مقياس الهوس الخفيف	16	44	يتصف المفحوص بركود الأفكار ونقص النشاط وضعف الحماسة والثبات والتوزان.
مقياس - الانطواء الاجتماعي	27	51	المفحوص ليست لديه أعراض انسحابية.

خامساً- اختبار عوامل الشخصيه الستة عشر:

Sixteen Personality Factor Questionaire

وضع هذا الاختبار عالم النفس الأمريكي كاتل Cattel عام (1949) واستمر العمل فيه لمدة ثلاثة عقود والهدف من هذا الاختبار قياس أبعاد وسمات الشخصية الإنسانية التي تقف خلف أشكال السلوك الظاهر.

بدأ كاتل بجمع أوصافاً للشخصية أو أسماء للسمات من القواميس اللغوية، وبلغت هذه القائمة ما يزيد عن (4500) صفة وبعد مضاهاة هذه الأوصاف اللغوية بما يوجد في أدبيات علم النفس والطب النفسي اختصر (كاتل) حجم هذه القائمة إلى (171) صفة 0ثم قام بأبحاث في الشخصية وأجرى دراسات ارتباطية وعاملية أدت إلى تجميع الصفات البالغة (171) في (36) ثم تم تخفيضها نتيجة للدراسات إلى (16) عاملاً أسماها (كاتل) السمات الأساسية أو العوامل الأولية للشخصية. وتم إعداد عبارات لقياس تلك العوامل بحيث تغطي المرحلة العمرية (16- 80) سنة فأكثر.

نشرت طبعات خمس من هذا الاختبار حيث نشرت:

الطبعة الأولى   1949

الطبعة الثانية   1956

الطبعة الثالثة   1973

الطبعة الرابعة   1976

الطبعة الخامسة 1980

والطبعات الثلاثة الأخيرة متشابهة ولا يوجد فرق بينها إلا في كم المادة العلمية التي تتكاثر حسب حداثة الطبعة.

مقاييس الاختبار:

أعد (كاتل) المقاييس التالية لقياس العوامل الستة عشر:

1. العامل رقم (1): التحفظ مقابل الدفء: يقيس الجمود والانعزال مقابل الانفتاح والمشاركة

2. العامل رقم (2): الغباء مقابل الذكاء: يقيس التفكير العياني المحسوس مقابل التفكير المجرد الراقي

3. العامل رقم (3): التأثرية مقابل الثبات الانفعالي: يقيس سرعة التأثر مقابل قوة الأنا والثبات

4. العامل رقم (4): الاستكانة مقابل تأكيد الذات: يقيس الوداعة والانقيادية مقابل العناد والسيطرة

5. العامل رقم (5): الوقار مقابل المرح: يقيس الصمت والجدية مقابل الحماس والشعور بالسعادة

6. العامل رقم (6): النفعية مقابل يقظة الضمير: يقيس الانتهازية وضعف الانضباط مقابل الأخلاقية والانضباط

7. العامل رقم (7): الخجل مقابل المغامرة: يقيس الحساسية والحياء مقابل الإقدام والجسارة

8. العامل رقم (8): الحدة مقابل الرقة: يقيس صلابة الرأي والواقعية مقابل الحساسية والحاجة للحماية

9. العامل رقم (9): الثقة مقابل الشك: يقيس تقبل الواقع بثقة مقابل المراوغة وصعوبة الاقتناع

10. العامل رقم (10): العملي مقابل الخيال: يقيس الواقعية والعملية مقابل شرود الذهن

11. العامل رقم (11): الوضوح مقابل الدهاء: يقيس الأصالة وعدم الإدعاء مقابل المكر والتحايل

12. العامل رقم (12): الارتباك مقابل الفهم: يقيس قلة الثقة بالنفس مقابل الهدوء ورباطة الجأش
13. العامل رقم (13): المحافظة مقابل التجديد: يقيس التقليدية والجمود مقابل التقدمية والتحرر الفكري
14. العامل رقم (14): التوجه طبقاً للجماعة مقابل التوجه الذاتي: يقيس الاعتمادية والتبعية مقابل الثقة بالنفس
15. العامل رقم (15): الانفلات مقابل الانضباط: يقيس عدم الانضباط مقابل الالتزام بالقواعد الاجتماعية
16. العامل رقم (16): الاسترخاء مقابل التوتر: يقيس الهدوء وعدم الشعور بالتوتر مقابل الشعور بالإحباط وفي هذا الاختبار يطلب إلى المفحوص أن يؤشر على الإجابة التي يفضلها

مثال: في اتصالاتي الاجتماعية بالآخرين:

- اعبر عن انفعالاتي بسرعة كبيرة، أو بيْن بيْن، أو أحتفظ بعواطفي لنفسي.

هذا وقد أعد للاختبار صور أخرى للمراحل العمرية فهناك اختبار للمرحلة العمريه (12-18) سنه وآخر للمرحلة العمرية (6- 8) سنوات.

تفسير نتائج الاختبار:

بعد تصحيح الاختبار ينظر إلى الدرجات التي حصل عليها المفحوص في مقاييس الصدق الثلاثة (مقياس التحريف الدوافعي ومقياس التزييف السلبي ومقياس الاعتباطية). ثم تحوَّل الدرجات إلى المعايير الواردة في كراسة التعليمات علماً أن معايير الاختبار هي درجات تسمى الأعشاريات، وهي درجات معياريه معدلة متوسطها الحسابي (5.5) وانحرافها المعياري (2) وهي تبدأ من الدرجة الاعشارية (1) حتى الاعشاريه (10). وحدود هذه الدرجات الاعشارية كما يلي:

الدرجة (5.5) درجة متوسطة.

الدرجة التي تزيد عن (7) درجة مرتفعة.

الدرجة التي تقل عن (4) درجة منخفضة.

هذا ويوجد معايير خاصة للذكور ومعايير للإناث ومعايير لطلاب الجامعات ومعايير لطلاب المدارس الثانوية من الأسوياء بالإضافة إلى معايير أخرى للأحداث المنحرفين أو العصابيين ويحكم على المفحوص من خلال مقارنة درجاته بدرجات الأسوياء الواردة في كراسة التعليمات.

سادساً- اختبارات المواقف (Situation Tests):

يتصل هذا النوع من الاختبارات اتصالا مباشراً بمواقف الحياة الواقعية ولهذا سميت اختبارته اختبارات المواقف. تهدف هذه الاختبارات إلى قياس:

- السلوك العقلي المعرفي.
- السلوك الانفعالي والمزاجي.
- كل المقومات الرئيسية للشخصية.

ترصد استجابات المفحوص تبعاً لقدرته على التصرف في المشاكل التي يواجهها وطريقه سلوكه. وقد شاع هذا النوع من الاختبارات خلال الحرب العالمية الثانية لاختيار أفراد المخابرات. وتتلخص أهم الصفات التي تهدف هذه الاختبارات لقياسها فيما يلي[1]:

1- **قوة الدافع للعمل:** التي تبدو في مدى إقبال الفرد على العمل بحماس ونشاط.

2- **المبادأة:** التي تبدو في سرعة البدء بالعمل.

3- **الذكاء العملي:** الذي يبدو في الأفكار العملية السريعة وفي الخصوبة الفكرية والابتكار ودقة الأحكام التي يصل إليها الفرد.

---

[1] **فؤاد البهي السيد، الذكاء، دار الفكر العربي (ط 4) 1976 0 ص: 138.**

4- **الاتزان الانفعالي:** الذي يبدو في ثبات الفرد عند مواجهته المواقف الشديدة القاسية ومدى احتماله لها وتغلبه على عوامل الفشل المحيطة به.

5- **العلاقات الاجتماعية:** التي تبدو في تفاعل الفرد مع غيره من الأفراد المشتركين معه وتعاونه معهم.

6- **القيادة:** التي تبدو في مدى توجيه الفرد لمن يعملون معه.

7- **الحرص:** الذي يبدو في مدى إخفاء الفرد للأسرار وحذره وقدرته على التمويه.

ويقوم جماعة من الخبراء المدربين على تقويم المواقف بقياس تلك الصفات قياساً يعتمد على تحديد المستويات التالية لكل فرد:

المستوى	الدرجة
ضعيف جداً	صفر
ضعيف	1
اقل من المتوسط	2
فوق المتوسط	3
ممتاز	4
ممتاز جداً	5

ثم تجمع هذه التقديرات ويحسب متوسطاتها تمهيداً لتقدير الأفراد تقديراً كمياً يصلح للحكم على مميزاتهم وصفاتهم الرئيسية.

النموذج الثالث- اختبارات الميول والاتجاهات:

لقد قدم جون هولاند(Holland) أستاذ علم النفس في جامعة جونز هو بكنز في الولايات المتحدة الأمريكية عام (1959) نظرية في العلاقة بين الشخصية والمهنة وتقوم هذه النظرية على أن الميول المهنية هي أحد مظاهر الشخصية وأن وصف الميول المهنية لفرد ما هي في الوقت نفسه وصف لشخصيته. ويرى هولاند Holland أن هناك ستة أنماط للشخصية هي:

النمط الأول: الواقعي ويميل إلى الأعمال الميكانيكية والحرف والأعمال اليدوية.

النمط الثاني: التحليلي ويميل إلى التفكير والتروي فيما يعرض له من مسائل ويحاول فهم العالم ا لمحيط به جيداً ويميل إلى الأعمال التي تتسم بالصعوبة والتحدي.

النمط الثالث: الفنان يميل إلى العزلة ومعالجة المسائل التي تعرض له من خلال الرؤية الذاتية والتعبير الشخصي.

النمط الرابع: الاجتماعي يميل إلى الأعمال التي تتضمن لعب الأدوار كما يميل إلى مساعدة الأفراد وتقديم خدمات للجماعة.

النمط الخامس: التجاري : يميل إلى العمل بالمشروعات التي تستهدف تحقيق المزيد من النجاح ويميل كذلك إلى فرض نفسه على الآخرين والسيطرة عليهم.

النمط السادس: التقليدي: يميل إلى التعامل مع الأوراق والملفات والأرقام وتجميع البيانات كما يميل إلى لعب الأدوار الثانوية. ويتجنب النواحي الفنية. والأعمال المثالية بالنسبة له هي أعمال السكرتارية والأعمال الحسابية والمالية.

ومن الاختبارات التي أجريت على الميول المهنية:

أولاً- اختبار سترونج للميول المهنية:

استخدم سترونج الأسلوب التجريبي في إعداد اختباره الذي كان الهدف الأساسي منه هو الكشف عن الميول والاهتمامات وقد صمم الاختبار ليناسب

الأفراد الذين ينتمون لمهن معينة أو يفضلونها على غيرها أو قد يضطروا ليختاروا من بين عدد من المهن أقربها إلى نفوسهم. يفيد اختبار (سترونج) كثيراً في التوجيه المهني والتربوي.

في عام (1938) ظهرت طبعه معدلة من الاختبار للذكور تحتوي على (38) مقياسا للجماعات المهنية المختلفة. وفي عام () نشر(سترونج) كتاباً ضخما عن (الميول المهنية للذكور والإناث). وفي عام (1949) اعتزل (سترونج) العمل في جامعة ستانفورد.

في عام (1963) أنشأت جامعة (مينسوتا) مركزاً لبحوث القياس النفسي وانتقلت الملفات المشتملة على المادة العلمية لهذا الاختبار من (ستانفورد) إلى (منيسوتا) وتولى دافيد كامبل (Campell) مسؤولية مواصلة العمل بهذا الاختبار بعد وفاة (سترونج) حيث صدرت عام (1966) صورة معدلة من الاختبار للذكور. وفي عام (1969) صدرت صورة معدلة من الاختبار للإناث.

وفي عام (1974) صدرت صورة من الاختبار باسم (سترونج كامبل) وقد اشتملت هذه الصورة على (325) عبارة وهي الصورة المستخدمة عالمياً ألان. وفي سنتي (1981، 1985) صدرت بعض التعديلات الطفيفة عليها. وتدور عبارات الاختبار على الأقسام التالية:

القسم الأول : المهن Occupations

عدد عبارات هذا القسم (131) عبارة تدور كلها حول أسماء المهن وتهدف عباراته التعرف إلى التفصيلات المهنية للمفحوص.

القسم الثاني: مواد الدراسة School Subject

عدد عباراته (36) عبارة

القسم الثالث : المناشط Activities

عدد عباراته (51) عبارة

القسم الرابع : المسليات (مقتضيات الوقت) Amusements

عدد عباراته (39) عبارة

القسم الخامس: أنماط البشر Types of people

عدد عباراته (34) عبارة

القسم السادس : المفاضلة بين نشاطين:

وعدد عباراته (30) عبارة تتطلب من المفحوص المقارنة بين اختبارين مثلاً تكوين عدد قليل من الأصدقاء الحميمين أو وجود عدد كبير من المعارف.

القسم السابع: الخصائص الشخصية

وعدد عبارات هذا القسم (14) عبارة

وكان اختبار هذه العبارات يخضع لعوامل عدة أهمها:

1- قدرة التميز على الميول المهنية المختلفة.

2- مناسبتها للذكور والإناث.

3- وضوح الصياغة وسهولة الفهم.

4- سهوله ترجمتها إلى لغات أخرى دون الحاجة إلى تعديلات كثيرة.

يمكن إجراء هذا الاختبار فردياً أو جماعياً والإجابات عليها تكون على مستويات ثلاثة:

- التفضيل وتعطى (+ 1)
- عدم الاهتمام وتعطى (صفراً)
- الكره وتعطى (- 1)

ثم تحول الدرجات الخام إلى درجات تائية على الصفحة النفسية للاختبار.

تراوحت معاملات ثبات الاختبار بين 0.70- 0.90، أما بالنسبة للصدق فإن للاختبار قدرة فائقة من حيث التمييز بين الجماعات المهنية المختلفة.

يمكن استخدام اختبار سترونج للميول المهنية مع الأعمار من (17) وما بعدها.

ثانياً- اختبار كودر للميول المهنية Kuder Interest Swrvery Test :

بدأ كودر نشر اختباراته في الثلاثينات وحاول بها أن يتحاشى سلبيات اختبار سترونج وتوخى أن تأتي اختباراته غير مرتبطة بأية اختبارات أخرى قبله.

قسم اختباراته إلى مجموعات ترتبط كل مجموعة داخليا وليس ثمة ارتباط بين المجموعات نفسها.

ويعتمد هذا التقسيم على تحليل البنود بحيث يأتي مضمونها منطقيا وهو اتجاه عقلي عند (كودر) يتميـز به عن الاتجاه التجريبي عند (سترونج).

واختبارات (كودر) ثلاثية تشمل عبارات:

أ- التفضيل التخصصي ويبلغ عدد عبارات هذا الاختبار (160) عبارة ولكل عبارة ثلاثة بدائل يرتبها المفحوص حسب تفضيله لها وما يحبه منها أكثر من غيره وما يحبه منها أقل من غيره كان يفاضل بين:

أ - أن يزور معرضاً فنياً.

ب- أن يزور مكتبة.

ج- أن يزور متحفاً.

أو أن يختار بين:

أ- هواية جمع النقود.

ب - هواية جمع الفراشات.

ج - هواية جمع الطوابع.

وينبغي أن تكون المفاضلة بين مجالات مختلفة فالمعرض الفني الاهتمامات المرتبطـة بـه فنيـة أمـا المكتبة فالاهتمامات المتعلقة بها أدبية بينما الاهتمامات المتعلقة بالمتحف فهي تاريخية.

ب- التفضيل المهني: وهو أحدث من اختبار التفضيلات التخصصية ويمكن من هذا الاختبار الحصول على درجات تشير إلى مهن مختلفة من عدد (38) مهنة تقيسها بنود الاختبار كمهن الزراعة والصحافة والطب والهندسة وغيرها.

ج- التفضيل الشخصي: ويقيس خمسة من خصائص السلوك هي السمة الاجتماعية والسمة العملية والسمة النظرية وسمة القبول بمعنى ان يكون الشخص مقبولاً لدى الناس ومحبوباً منهم. وسمة التسيد والقيادة.

أما الميول التي يقيسها اختبار(كودر)عددها عشرة وهي:

1- الميل الخلوي Outdoor: يفضل صاحب هذا الميل العمل في الخارج أو في الهواء الطلق ويحب ان يتعامل مع الكائنات الحية غير الإنسان ويحب صيد الطيور وتربية الحيوانات والعمل في الحدائق.

2- الميل الميكانيكي Machanical: يفضل صاحب هذا الميل العمل في الآلات الميكانيكية.

3- الميل الحسابي أو العددي Computational: وأصحابه يفضلون التعامل مع الأرقام والجمع والطرح.

4- الميل العلمي Scientific: وصاحبه يؤثر الاشتغال بالعلوم والتجارب فيها والكشف عن الوقائع العلمية.

5- الميل الأدبي Literary: ويتمثل في هواية الأدب والتأليف فيه.

6- الميل الفني Artistic: وهو أن يمتهن صاحب هذا الميل التصوير أو يهوى التمثيل.

7- الميل الموسيقي   Musical.

8- الميل الكتابي: وأصحابه يفضلون التعامل مع الورق على التعامل مع الناس.

9- الميل الاقناعي Persuasive

10- الميل للخدمة الاجتماعية Social – Service

أما بالنسبة لتوزيع الدرجات على عبارات الاختبار، تعطى العبارة التي يقع عليها التفضيل الأول (2) درجة وتعطى العبارة التي عليها التفضيل الثاني (1) درجة، وتعطى العبارة التي يقع عليها التفضيل الثالث (صفراً).

وبعد استخراج الدرجات الخام لكل ميل تحول الدرجات الخام إلى الدرجات التائية يتميز اختبار كودر بمعاملات ثبات مرتفعة تتراوح بين 72ر0- 92ر0 وله قدرة فائقة من حيث التمييز بين المجموعات المهنية المختلفة.

ثالثاً- اختبار ادواردز للتفصيلات الشخصية:

Edwards Personal Preference Test

أنشأ ادواردز هذا الاختبار وهو يتضمن (15) حاجة من الحاجات التي اقترحها هنري موري والبالغ عددها (20) حاجة وهي: التحقير، الإنجاز، الانتماء أو الانتساب، العدوان، الاستقلال الذاتي, المضادة (مواجهة الفشل بالنضال، إزالة آثار الإذلال بالعمل المستمر)، الدفاعية، الانقياد، السيطرة، العرض، تجنب الأذى، تجنب المذلة، العطف على الآخر، النظام، اللعب، النبذ، الاحساسية، الجنس العطف من الآخر، الفهم.

ويقوم تقدير أهمية الحاجات على التقدير النسبي وليس على التقدير المطلق بالقياس إلى وضع الحاجة المفضلة بالنسبة لحاجات الفرد الأخرى.

هذا وقد أعد هذا المقياس باللغة العربية جابر عبد الحميد جابر باسم مقياس التفضيل الشخصي.

رابعاً- اختبارات ثيرستون للاتجاهات Thurstone - Type Attitude Scales:

اشتهرت هذه المقاييس للاتجاهات النفسية بسبب بساطتها واعتمادها على مبادىء الفيزياء النفسية، وتقوم على طريقة جمع ما يمكن جمعه من عبارات تعبر عن مختلف الاتجاهات نحو موضوع من الموضوعات، كالحرية أو الحرب أو التفرقة العنصرية أو الدين. وتعاد صياغتها لتكون موجزة وبسيطة ومفهومة ويعهد

بها إلى قضاة أو محكمين ليصنفوها إلى إحدى عشرة فئة أو مجموعة بحيث تأتي المجموعة الأولى مشتملة على أقوى العبارات الموجبة ثم تليها العبارات الأقل فالأقل إلى أن تصل إلى آخر مجموعة وتضم أقوى العبارات السالبة.

يُعطى المقياس في صورته النهائية في شكل استفتاء للأفراد المطلوب قياس اتجاهاتهم فيؤشرون على العبارات التي تتفق ورأيهم وتكون درجة الفرد على الاستفتاء هي الدرجات الوسطى على المقياس للعبارات التي اختارها.

خامساً- مقياس ليكرت للاتجاهات Likert – Type Attitude Scale:

يعتبر هذا المقياس تبسيطاً لمقياس ثيرستون للاتجاهات ويختلف عن مقياس ثيرستون بما يلي:

- لا يستعين (ليكرت) بالمحكمين أو القضاة ليصنفوا العبارات المتضمنة للاتجاهات نحو موضوع من الموضوعات.

- درجات المقياس موضوعه من قبل في مقياس (ليكرت) وليس من بعد كما عند (ثيرستون).

- تتحدد شدة الاتجاه عند (ليكرت) حيث أن كل عبارة تتضمن الاستجابات عليها بدائل هي أوافق بشدة، وأوافق، ولم أقرر بعد، ولا أوافق، ولا أوافق بشدة. على عكس طريقة (ثيرستون).

- درجات (ليكرت) على الميزان بسيطة وهي إما : 5 أو 4 أو 3 أو 2 أو 1 وتحسب الدرجة الكلية للفرد بجمع جميع درجاته على المقياس.

النموذج الرابع- الاختبارات الاسقاطية:

صممت الاختبارات الاسقاطية للكشف عن الجوانب الخفية في شخصية الفرد وهناك بعض الأسس التي تستند إليها هذه الاختبارات منها:

1- طريقة إدراك الفرد وتفسيره لماده الاختبار تعكس جوانب أساسية في شخصيته فالفرد يسقط أفكاره واتجاهاته وأنواع الصراع التي يعاني منها في إجابته على الاختبار.

2- لا يوجد في الاختبارات الاسقاطية إجابة صحيحة أو خاطئة.

3- حرية المفحوص في اطلاق مشاعره واستجاباته على الاختبار.

4- نظراً لأن المفحوص لا يدرك الهدف من الاختبار فإنه يستجيب في ظروف طبيعية.

5- إن الهدف الأساسي من الاختبارات الاسقاطية هو الحصول على صورة كلية لشخصية الفرد.

ومن الاختبارات الاسقاطية:

أولاً- اختبار بقع الحبر لرورشاخ Rorschach Inkblots Test:

يعتبر هذا الاختبار من أوسع الاختبارات الاسقاطية انتشاراً، وضع فكرته الأساسية العالم السويسري هرمان رورشاخ (1883- 1922).

في عام (1911) اهتم رورشاخ بدراسة استجابات الأطفال في مدارس (زيورخ) على بقع الحبر وفي عام (1917) وسع قاعدة دراساته، حيث اهتم بدراسة استجابات مجموعات من الراشدين ومجموعات من المصابين بالاضطرابات العقلية على هذه البقع. وفي عام (1921) نشر دراسة عن (التشخيص النفسيـ)، وقد توصل في هذه الأثناء إلى انتقاء عشر بقع من الحبر اعتبرها أكثر فعالية في الإبانة عن سمات شخصية الفرد. وهي التي يقوم عليها الاختبار.

وفي سنة (1922) توفي رورشاخ وانتقل التراث العلمي لهذا الاختبار إلى الولايات المتحدة بواسطة العلماء الذين هاجروا إليها ومن هؤلاء العلماء:

- صمويل بك، وهو أول من أجرى دراسة علمية في الولايات المتحدة على الاختبار عام (1937).
- مارجريت هرتز نشرت عام(1938) دراسة عن الاختبار قامت بإجرائها.
- برونو كلوبفر، نقل إلى جامعة كولومبيا في أمريكيا الاهتمام بالاختبار ونشر أسلوبه لتفسير وتصحيح الاختبار عام (1942).
- دافيد رابا بورت نشر عام (1956) نظاماً لتصحيح استجابات المفحوصين على اختبار الرورشاخ.

يتكون الاختبار من عشر بقع من الحبر مطبوعة على بطاقات من الورق المصقول المقوى من مقاس (5ر9 بوصة × 5ر5 بوصة). تعرض هذه البقع على المفحوص بالتتابع، ويطلب منه أن يوضح ماذا يرى؟ وتسجل استجابات المفحوص من خلال الأسئلة التي توجه إليه. مثال ذلك:

- ماذا ترى في الصورة؟
- ماذا تعني لك هذه الصورة؟
- بماذا تفكر عندما تشاهد هذه الصورة؟

يحتاج الباحث بالإضافة إلى البطاقات، استمارة السجل الفردي ليدون فيها معلومات عن المفحوص تتضمن الحالة الصحية والتحصيلية والاقتصادية وورق لتسجيل استجابات المفحوص أو ساعة ضابطة.

بعد أن يقوم الباحث بجمع المادة عن استجابات المفحوصين يلجأ إلى تفسير هذه المادة وتصحيحها وقد جمع (اكسنر Exner) العديد من أساليب التصحيح واستخدمها في النظام الشامل وتلخص في النقاط الآتية:

أ- التحديد المكاني: وهي أول ما يتم بخصوص الحكم على الاستجابة والدرجة التي تعطى على التحديد المكاني تمثل الحيز أو المساحة من بقعة الحبر التي استخدمها المفحوص في تشكيل استجابته والرموز التالية تستخدم لتصنيف التحديدات المكانية للاستجابات:

W : البقعة كلها 0

D : جزء من بقعة الحبر يشار إليها من قبل المفحوص.

D d : جزء من بقعة الحبر لا يشار إليها من قبل المفحوص.

S : المساحة البيضاء.

ب- المستوى الارتقائي: يؤخذ في الاعتبار نوعية الاستجابة التي يقدمها المفحوص من حيث الجانب المعرفي أو التكاملي. وهناك أربع فئات لتصحيح المستوى الارتقائي لكل استجابة وهي:

+ : استجابة تركيبية شاملة تجمع أجزاء البقعة في معنى واحد.

O : استجابة عادية.

V : استجابة غامضة.

_ : استجابة اعتباطية غير محددة.

ج- المحددات: والمحددات هي كيف يستخدم المفحوص ملامح أو مظاهر معينة في البقعة ليحدد استجابته ويشتمل نظام (اكسنر Exner) على المحددات السبعة التالية:

- الشكل: ويقصد به الشكل العام للجزء من البقعة الذي يحدد الاستجابة.

- الحركة: أي ما يبديه المفحوص من أوصاف الحركة من أي نوع سواء كانت حركة ايجابية أو حركة سلبية.

- اللون: إلى أي مدى تكون الألوان مكونات لبناء الاستجابة.

- الألوان غير الباستيلية: مدى استخدام المفحوص لهذه الألوان في استجابته.

- الظلال: ما مدى استخدام المفحوص للإضاءة والظلام والظلال في إدراك البقعة.

- بعد الشكل: إلى أي مدى يكون إدراك المفحوص للبقعة قائم أساسا على الشكل وليس على الظلال.

- الاتساقات: إلى أي مدى يتحقق التناسق في إدراك البقعة.

د- نوعية الشكل: يقصد بنوعيه الشكل حسن المطابقـة بـين اسـتجابة المفحـوص وبـين الخصـائص البنائية للبقعة أو للجزء من البقعة التي تمت حيالها الاستجابة.

هـ- النشاط التنظيمي: ويقصد به إلى أي قدر يبين المفحوص في استجابته عن تكامل بـين جـزئين أو أكثر من أجزاء البقعة في علاقة ذات معنى معين.

و- المحتوى: ويقرر المحتوى حسب عوامـل في اسـتجابة المفحـوص مثـل هـل تحتـوي اسـتجابة المفحوص على إنسان أو حيوان أو طائر أو صورة أشعة... الخ.

ز- الاستجابات المألوفة: وهي الاستجابات التي تُعطى عادة من قبل عدد كبير من المفحوصين.

ح- المثابرة: ويقصد بها استمرارية المفحوص وإصراره على إعطاء اسـتجابات متشـابهة لعـدد مـن البقع بصورة غير ملائمة رغم الاختلاف الواضح في شكل هذه البقع.

ط- الأوصاف غـير المألوفة: وتعنـي اسـتخدام علاقـات غـير واقعيـة في المـدركات مثـل أن يـذكر المفحوص أنه يرى جسم إنسان برأس أرنب.

وبعد أن يتم التصحيح باستخدام الأسلوب الذي سبق وصفه يقوم الأخصائي النفسي بتلخيص نتـائج هذا التصحيح في سجل خاص.

تقييم اختبار بقع الحبر (الرورشاخ):

1. لا يوجد اتفاق بين المختصين على اسلوب للتصحيح أو التفسير ولهذا لا ينظر إليه كأداة سيكومترية بمعنى الكلمة.
2. لا يوجد له معايير ذات دلالة محددة متفق عليها.
3. من الصعب تطبيق أسس الثبات والصدق عليه.

ثانياً- اختبار تفهم الموضوع Thematic Apperception Test (TAT):

يعتبر هذا الاختبار أكثر الأساليب الاسقاطية شيوعا بعد (الرورشاخ) وهما متكاملان في عمليه التقويم النفسي للشخصية. حيث أن اختبار (الرورشاخ) يركز أولاً على المظاهر الشكلية ثم بالمضمون. ثانياً: أما اختبار تفهم الموضوع (تات) يركز أولاً على المضمون ثم يهتم بالمظاهر الشكلية أو التعبيرية.

ويعتبر اختبار تفهم الموضوع أفضل من الرورشاخ في بيان ديناميات الشخصية التالية:

- الحوافز.
- الحاجات.
- المشاعر.
- لصراعات.
- لعقد النفسية.
- التخيلات.

وقد وضع كريستيانا مورجان (Christiana D. Morgan) وهنري موروري(Henry A. Morray) اختبار تفهم الموضوع عام (1935) واستخدماه لأول مرة لدراسة التخيل لدى مفحوصين أسوياء ثم أصبح يستخدم في العيادات النفسية أكثر من استخدامه في مجالات البحوث النفسية.

يتكون اختبار تفهم الموضوع من(30) بطاقة تحتوي كل منها على صور أو مناظر فيها بعض الأشياء والشخوص بالإضافة إلى بطاقة بيضاء خالية من أي منظر. تصنف البطاقات في مجموعات أربع. اثنتان تطبقا على ذكور وإناث أكبر من(14) سنة واثنتان تطبقا على ذكور وإناث أقل من (14) سنة.

ليس للاختبار زمن محدد وينبغي حث المفحوص على الاستمرار في الحديث لمدة خمسة دقائق لكل بطاقة من بطاقات الاختبار وعلى الفاحص أن يسجل حديث المفحوص حرفياً. وهناك بطاقة خالية يطلب إلى المفحوص أن يتخيل صورة ثم يحكي ما يدور فيها من وقائع وأحداث. وهناك بطاقات مخصصة للرجال وأخرى للنساء وثالثة للأولاد ورابعة للبنات وهناك بطاقات مشتركة للجميع.

أما الصور التي تضمنتها البطاقات فهي:

البطاقة رقم (1): (صورة ولد صغير جالس إلى منضدة يتأمل وينظر إلى آلة موسيقية(كمان). وهذه الصورة تثير قصصا حول الوالدين والقلق وصورة الذات والإنجاز وهي للجميع.

البطاقة رقم (2): للجميع (صورة منظر في الريف وفتاة تمسك بكتاب في يدها وفي الصورة كذلك رجل يعمل في حقل بجواره حصان وامرأة مستندة إلى جذع شجرة شاخصة ببصرها إلى الفضاء).

البطاقة رقم (3): للجميع (ولد يجلس على الأرض مستنداً برأسه وذراعه الأيمن على أريكة وعلى الأرض يوجد مسدس).

البطاقة رقم (4): للجميع (امرأة تنظر إلى رجل وتمسك بكتفه وهو محول نظره عنها كأنه يتخلص من مسكتها).

البطاقة رقم (5): للجميع (امرأة في مرحلة وسط العمر تقف على عتبة إحدى الغرف تنظر من باب إلى داخل الغرفة).

البطاقة رقم (6): للأولاد وللرجال (امرأة عجوز واقفة معطية ظهرها لشاب تبدو عليه الحيرة).

البطاقة رقم (7): للأولاد وللرجال (رجل أشيب الشعر ينظر باتجاه شاب يبدو عليه التأمل وشرود الذهن).

البطاقة رقم (7): للبنات وللنساء (امرأة تجلس إلى أريكة تمسك كتاباً بجوارها طفلة تمسك لعبة تجلس على حافة الكرسي وكأن المرأة تحدث الطفلة أو تقرأ لها).

البطاقة رقم (8): للأولاد وللرجال (شاب كأنه ينظر إلى خارج الصورة وخلفه منظر لشخص يبدو أنه يخضع لعملية جراحية وفي الصورة كذلك شكل لشيء أشبه بالبندقية.

البطاقة رقم (8): للبنات وللنساء (امرأة تجلس مسندة ذقنها إلى يدها وكأنها شاردة تفكر أو تنظر إلى خارج المنظر).

البطاقة رقم (9): للأولاد وللرجال (أربعة من الرجال كأنهم بملابس العمل ينامون على الحشائش).

البطاقة رقم (9): للبنات وللنساء (فتاة تستند إلى شجرة وبيدها كتاب وحقيبة تنظر إلى امرأة تجري بمحاذاة ساحل البحر ترتدي ثيابا تبدو كأنها ثياب سهرة).

البطاقة رقم (10): للجميع (منظر لرأس امرأة تستند إلى كتف رجل).

البطاقة رقم (11): للجميع (منظر لطريق جبلي وعربة أشكال غامضة وفي جانبه الأيسر شكل تنين).

البطاقة رقم (12): للرجال (شاب ينام مغمض العينين على أريكة ورجل عجوز طويل القامة يمد يده باتجاه الشاب وكأنه ينحني فوقه).

البطاقة رقم (12): للنساء (فتاة شابة تنظر إلى خارج الصورة وخلفها امرأة عجوز كأنها تنظر إلى الفتاة الصغيرة).

البطاقة رقم (12): للأولاد والبنات (زورق صغير بجانب جدول للماء وبالمنظر كذلك شجرة كبيرة ولا يوجد شخوص في الصورة).

البطاقة رقم (13): للأولاد (طفل صغير يجلس القرفصاء على باب كوخ خشبي).

البطاقة رقم (13): للبنات (فتاة صغيرة تصعد سلماً).

البطاقة رقم (13): للذكور وللإناث (شاب يقف مطاطىء الرأس يخفي وجهه بذراعه الأيمن وفي الصورة امرأة راقدة على سرير).

البطاقة رقم (14): للجميع (صورة ظلية لرجل في مواجهة نافذة وبقية الصورة معتمة تماماً).

البطاقة رقم (15): للجميع (رجل طويل القامة واقف بين مجموعة من المقابر).

البطاقة رقم (16): للجميع (خالية وتثير قصصاً حسب قدرة المفحوص على اصطناع هذه القصص).

البطاقة رقم (17): للبنات وللنساء (كوبري على مجرى نهر تقف عليه امرأة منحنية على سور الكوبري وكأنها تنظر في الماء وفي خلفية الصورة مبانٍ عالية وبعض الرجال).

البطاقة رقم (17): للأولاد وللرجال (رجل عار معلق بحبل يستخدمه في الصعود أو الهبوط).

البطاقة رقم (18): للأولاد وللرجال (رجل تمسك به ثلاثة أيد وأصحاب الأيدي لا يظهرون في الصورة)

البطاقة رقم (18): للبنات وللنساء (امرأة تمسك بيدها عنق امرأة أخرى وكأن المرأة الأولى تدفع الثانية نحو حاجز (درابزين).

البطاقة رقم (19): للجميع (شكل ضباب وغيوم وعواصف تحيط بكوخ في منطقة ريفية).

البطاقة رقم (20): للجميع (منظر معتم لشخص (رجل أو امرأة) يستند إلى عمود نور في احد الشوارع).

لقد طبق اختبار تفهم الموضوع (تات) على عدة فئات وقد تبين من هذه التطبيقـات أن كـل فئـة تمتاز بعدد من الخصائص.

أما بالنسبة لثبات اختبار تفهم الموضوع فقد تم التوصل إليه بوسائل ثلاث هي:

1. الاتفاق بين المفسرين لنفس القصص حيث صحح المفسرون قصصاً وأعـادوا تصـحيح القصـص نفسها مرة ثانية بعد فترة ستة أشهر وبلغ متوسط الارتبـاط بين مرتي التفسير 0.89.

2. الثبات بإعادة التطبيق.

3. طريقة التجزئة التصفية.

والصدق في اختبار تفهم الموضوع تم التوصل إليـه مـن مقارنـه نتـائج أداء المفحوصـين عـلى هـذا الاختبار وتفسير هذه النتائج مع تقديرات لنفس المختصـين باسـتخدام محكـات أخـرى لتقـدير الشخصية ومن هذه الدراسات:

- دراسة مورتسن عام 1965

- دراسة أدكوك عام 1965

- دراسة وينر عام 1973

- دراسة ليتل عام 1959

تقييم اختبار تفهم الموضوع:

- لقي اختبار تفهم الموضوع قبولاً بين الاخصائيين النفسيين ودارسي نظريات الشخصية.

- يستخدم في الأغراض الإكلينيكية وفي مجموعات الأسوياء.

- يعد تطبيقه متحرراً من التوترات الاجتماعية التي تصاحب المقابلات النفسية الأولى.

- يوفر الوقت ويسهل عمليتي التشخيص والعلاج.

- إن مدى المعلومات المستنبطة من الاستجابات تبين فروقا كمية وكيفية متعددة في التعبير عـن الرغبات والتخيلات والاحباطات وأساليب التوافق وهذه من مميزات اختبار تفهم الموضـوع كاختبار إسقاطي إلا أنها نقيصة في الوقت نفسه حيث تمنع من التعميم سواء في التصحيح أو التفسير.

ثالثاً- اختبار تفهم الموضوع للأطفال (الكات):

Children"s Apperception Test (cat)

هذا الاختبار خاص بالأطفال من سن(3-10) سنوات يستخدم للكشف عن شخصيات الأطفال وقـد قامت بوضع هذا الاختبار سونيا بلاك (Soonia) Bellack يتألف الاختبار من عشر صور يستجيب لها الطفـل بتأليف قصة عن هذه الصور ثم يقوم الباحث بتحليل استجابات الأطفال بهدف فهم شخصية كـل مـنهم. أما الجوانب التي يقيسها اختبار تفهم الموضوع للأطفال (الكات) فهي:

- علاقة الطفل بوالديه.
- إدراك الطفل للعلاقة بين الأم والأب.
- تفاعل الطفل مع إخوته وأخواته.
- اتجاهات الطفل نحو والديه.
- عدوان الطفل على الآخرين.
- مخاوف الطفل.

وفيما يلي نماذج من صور الاختبار:

1- الصورة الأولى: عبارة عن كتاكيت موجودة حول المائدة ودجاجة بعيـدة في زاويـة غـير واضـحة المعالم.

2- الصورة الثانية: صورة دب كبير يشد حبلاً من دب كبير آخر يوجد خلفه دب صغير.

3- الصورة الثالثة: صورة أسد يمسك عصا ويظهر من إحدى الحفر فأر صغير.

4- الصورة الرابعة: صورة كنغر يحمل سلة توجد فيها زجاجة ويرتدي فــوق رأسه قبعة ويحمل في بطنه كنغراً صغيراً.

5- الصورة الخامسة: حجرة بها سريران ينام على احديهما دبان صغيران.

6- الصورة السادسة: نمر ذو مخالب قوية يحاول القفز على قرد يحاول الهرب.

8- الصورة الثامنة: قرد جالس يقابله قرد آخر يتحدث مع قرد صغير.

9- الصورة التاسعة: غرفة مظلمة يوجد فيها سرير صغير ينام عليه أرنب.

10- الصورة العاشرة: صورة لكلبة ترضع طفليها.

ورغم أن دراسات الثبات والصدق غـير كافيـة إلا انـه يعـد أداة مفيـدة في إظهار بعـض السـمات الأساسية لشخصيات الأطفال.

رابعاً- اختبار تداعي الكلمات   Word Association Test:

يعتبر هذا الاختبار أول ما أقيم من الاختبارات الاسقاطية فقـد اسـتخدمه (جولتـون) عـام (1885) كوسيلة لدراسة العمليات العقلية لدى الأطفال. يعني هذا الاختبار تقديم قائمة من كلـمات إلى المفحـوص وعلى المفحوص أن يستجيب لكل كلمة تقال أو تعرض بكلمة أخرى تخطر على ذهنه.

مثال:

يقرأ الفاحص الكلمات التالية ويطلب إلى المفحوص أن يستجيب بأول كلمة تخطر على باله:

سريع	جوع	موسيقى	امرأة	ثروة	أسد
قصير	مسافة	مظلم	نهر	أسود	قديم
أرض	سجادة	شارع	صعب	مقص	سرير
خروف	كسول	يد	عسكري	ثقيل	ضعيف
أرض	كوخ	أبيض	هادى	جبل	دكتور
مرض	نوم	خشن	خبز	قمر	مريض

ونتيجة لتطبيق اختبار تداعي الكلمات ظهرت بعض الصعوبات منها:

1- توقف المفحوص عن تقديم أية استجابة.

2- إعطاء المفحوص تعريفاً للكلمة المثير.

3- إعطاء المفحوص بعض صفات المثير مثل (طاوله- خشب) (امرأة- جميلة).

4- إعطاء جمل بدلاً من الكلمات.

5- عدم سماع الكلمة المثير بشكل سليم.

6- عدم إعطاء الاستجابه بشكل سليم.

خامساً- اختبارات تكملة الجمل الناقصة Sentences Completion Tests:

تشبه هذه الاختبارات اختبار تداعي الكلمات مع وجود الفوارق التالية:

1- المثير في اختبار تداعي الكلمات هو عبارة عن كلمة أما في اختبار تكلمة الجمل الناقصة فهو عبارة عن جملة ناقصة.

2- الاستجابة تكون في اختبار تداعي الكلمات عبارة عن كلمة واحدة فقط أما في اختبار تكلمة الجمل الناقصة قد تكون جملة.

3- الزمن يقاس الزمن بين المثير والاستجابة في اختبار تداعي الكلمات بينما لا يقاس الزمن في اختبار الجمل الناقصة.

4- التنفيذ فردي في اختبار تداعي الكلمات أما في اختبار تكلمة الجمل الناقصة فهو جماعي.

وفيما يلي بعض الصور من اختبار (ساكس) لتكملة الجمل والذي يرمز إليه بالرمز Sax Sentences Completion Test

الاسم:	السن
الجنس	تاريخ الإجراء
زمن الابتداء	زمن الانتهاء

1- أشعر أن والدي قليلاً ما ....

2- عندما لا تكون الظروف في جانب...........................

3- كنت أود دائماً أن..

4- لو أنني كنت مسؤولاً عن.....................................

5- المستقبل يبدو لي..

6- الناس الذين هم أعلى مني....................................

7- أنا أعلم أنه من الحماقة ولكنني أخاف من...................

8- أشعر أن الصديق الحق..

9- فكرتي عن المرأة الكاملة......................................

10- عندما كنت طفلاً..

11- عندما أشاهد رجلاً وامرأة معاً...............................

12- أسرتي إذا قورنت بمعظم الأسر الأخرى.....................

13- في عملي أكون أكثر انسجاماً مع..........................

14- أمي...

15- بودي لو أن أبي قام بمجرد....................................

16- اعتقد أن عندي القدرة على....................................

17- سأكون في غاية السعادة إذا..................................

18- لو أن الناس عملوا من أجلي.........................

19- إنني أتطلع إلى ....

20- أنا لا أحب الناس الذين.........................

21- أظن أن معظم الفتيات.........................

22- اكبر غلطة ارتكبتها كانت.........................

23- اكبر نقطة ضعف عندي هي.........................

24- أسرتي تعاملني كما لو.........................

25- هؤلاء الذين أعمل معهم.........................

26- أود لو أن والدي.........................

27- الشيء الذي أطمح إليه سراً.........................

28- إن أكثر ما أتمناه في الحياة.........................

29- اعتقد أن معظم الأمهات.........................

30- عندما أصدر أوامر للآخرين فإني.........................

سادساً- اختبار رسم شخص Draw A Person Test:

استخدم هذا الاختبار على نطاق واسع منذ نشرت كارين ماكوفر (Karin Machover) عـام (1949) كتابـاً تناولت فيه دراسة اسقاطية للشخصية برسم أشكال بشرية. توجه للمفحوص تعليمات مختصرة مـع ورقـه رسم بيضاء وقلم رصاص به ممحاة ويطلب إليه أن يرسم شخصاً دون أن يحـدد الفـاحص جـنس الشـخص المطلوب رسمه. يحلل كل رسم وفق خصـائص محـددة ويـدخل في الاعتبـار عنـد تحليـل الرسـم المظـاهر التركيبية مثل: الحجم، الخلفيـة، الدقـة، درجـة الإكـمال، التفاصيل، التناسـق، المنظـور، التـدعيم، النسـبية، الوضع في الصفحة، الموضوع الأساس، الظلال، الشطب والمحو.

كما يحلل أيضا مضمون الرسم: أجزاء جسم الفرد، الملابس، تعبيرات الوجـه، الحركـة أو الوضـع ولا يدخل في حساب ذلك المعايير الجمالية.

وقد استخدمت كارين ماكوفر هذا الأسلوب لعدة سنوات وتمكنـت مـن تفسـير الشخصية بدقـة واستبصار عميقين.

النموذج الخامس- اختبارات القدرات الخاصة:

أولاً- اختبار القدرات الموسيقية:

ومن أبرز هذه الاختبارات مقاييس سيشور للموهبـة الموسيقية (Seashore Measures of Musical Tale) أعد هذه الاختبارات كارل سيشور لقياس الاستعداد الموسيقي عند الطلبة بين الصف الرابع الأساسي ومستوى الراشدين بالجامعة.

تقوم الاختبارات على عرض أزواج من الأنغام أو المتتابعات اللحنيـة علـى اسطوانات أو أشرطـة في ست مجموعات مختلفة وعلى المفحوص أن يبدي رأيه فيها من نـواحي تمييـز الأصـوات وشدتها وإيقاعها وأطوالها ونوعية الصوت وتذكر الألحان.

ترصد الدرجات على كل اختبار ولا تجمع في درجـة كليـة وتقتصر ـ هـذه الاختبارات علـى قيـاس القدرات الموسيقية الأساسية التي يخلص إليها سيشور ويذهب إلى أنها تميز الأشخاص الموهوبين عن غيرهم من غير الموهوبين وتصلح لتوجيه الأفراد لدراسة الموسيقى أو توصي بصرفهم عنها.

يؤخذ على هذه الاختبارات بأنه ليس لها قدرة تنبؤية. وان نتائجها لم تتوافق مع نتائج الاختبارات التحصيلية الموسيقية للطلبة بالمعاهد الموسيقية. وهـذا أدى إلى ظهور اختبـارات (وينج) المقننـة للـذكاء الموسيقي لتلافي عيوب اختبارات (سيشور)، وتهدف اختبارات (وينج) إلى فرز المواهب الموسيقية لتوجيـه أصحابها الوجهة الدراسية السليمة التي يزيد بها إقبالهم على الدراسة الموسيقية والإفادة منها

في صقل مواهبهم. وعدد هذه الاختبارات سبعة أعدت بناء على توصيات معلمي الموسيقى أنفسهم.

ومن اختبارات القدرات الموسيقية اختبار :

دريك الموسيقي (Drake Musical Test) واختبارات: بنتلي للقدرات الموسيقية للأطفال (Bentley's

(Children Aptitude Test

وتقيس هذه الاختبارات أربع قدرات موسيقية عند الأطفال وهي:

- تذكر النغمات.

- تحليل التآلفات.

- تذكر الإيقاعات.

ثانياً- اختبارات القدرة اللغوية:

أ- اختبارات الأضداد: يراعى في هذا الاختبار أن تكوّن كلمات من (50 – 100) كلمـة وان تكون الكلـمات

بسيطة ولا تقبل إلا كلمة واحدة معنى لها مثال:

فقير - كبير - رجل - أبيض - أخ - سؤال

نعم - يضحك- حب - ينسى - شرق - خطأ

ب- اختبار التمثيل: يجب أن يراعى في هذا الاختبار الدقة في التمثيل. يطلب فيه إلى المفحوص أن

يضع الكلمة الرابعة التي تكون علاقتها بالكلمة الثالثة كعلاقة الكلمة الثانية بالأولى. مثال:

- الأمير للأميـرة .... كالملك

- القلم للرسم .... كالفرشاة

- القمر للأرض .... كالأرض

- الغسيل للوجه .... كالمسح

- البصر للعين .... كالسمع

ج- اختبار المفردات أو التعريف: يطلب فيه إلى المفحوص أن يكتب أمام كل كلمة معناها مراعيا

الاختصار والدقة بقدر الاستطاعة. مثال:

خزان........................

حرية........................

مرض........................

غلاء........................

د- اختبار معاني الكلمات: أعد الدكتور احمد زكي اختباراً لقياس معاني الكلمات اقتباسا من اختبار

ثيرستون. ويطلب فيه من المفحوص أن يختار أقرب الكلمات الأربع للكلمة التي تعطى له.

مثال: ما أقرب الكلمات التالية معنى لكلمة شقيق.؟

عم - جد - أخ - خال

ثالثاً- اختبارات القدرات العددية (الحسابية):

قام الدكتور فؤاد البهي (1958) بدراسة تفصيلية للقدرة العددية وقد ردّ هذه القدرة إلى العوامـل

التالية:

- عامل إدراك العلاقات العددية وتقاس باختبارات العلاقات المحذوفة.

- **مثال:** 4□ 2 = 8

- عامل إدراك المتعلقات العددية: يطلب إلى المفحوص معرفة الإشارة الناقصة

- **مثال:** 24 □ ÷ = 3

- عامل الإضافة العددية وتقاس باختبارات الجمع المركب.

أما بالنسبة لقياس القدرة الرياضية فإن البحوث المتعددة التي أجريت تشـير إلى أن اختبـارات

الجمع البسيط هي أكثر الاختبارات تشبعا بالعامل العددي.

واختبار القدرة العددية الذي أعده احمد زكي في مصر اقتبسه من اختبار (ثيرستون) وهو يتكون من (70) عمليه جمع كل منها يتكون من أربعة أعداد وكل عدد من رقمين. يطلب إلى المفحوص أن يراجع حاصل الجمع الموجود تحت كل عملية ويضع العلامة خطأ أو صواب.

مثال: أمامك عمليات جمع بسيطة. راجع عملية الجمع مرة أخرى فإذا كانت صحيحة ضع علامة صح (   ) وإذا كانت خطأ ضع علامة (×): ✓

41	68	78	33
+	+	+	+
29	56	47	56
+	+	+	+
13	39	33	55
+	+	+	+
22	48	17	62
=	=	=	=
106	201	154	126

أما اختبارات العلاقات العددية فقد اقتبسها الدكتور فؤاد البهي السيد وهي اختبارات متدرجة في الصعوبة قننت على البيئة المصرية. وهي تأخذ ثلاث صور هي:

- **الصورة الأولى: اختيار العلامة المحذوفة.** وفيها يطلب من المفحوص أن يضع العلامة المناسبة مكان علامة الاستفهام في العملية. مثال:

$4 \square 2 = 8$

$6 \square 3 = 18$

$9 \square 4 = 36$

- **الصورة الثانية: الأعداد المحذوفة.** وفيها يطلب من المفحوص أن يضع الرقم المحذوف في

العملية مثال:

$$4 + ? = 6$$

$$6 + ? = 10$$

$$8 + ? = 14$$

- **الصورة الثالثة: اختبارات التفكير الحسابي.** وهي تتناول ما يسمى بالمسائل الحسابية. ولكن

يشترط فيها التدرج في الصعوبة. ونظراً لتدخل العامل اللفظي فإنه يشوبها شيء من عدم الصفاء.

ولقياس التفكير الحسابي بطريقة خالية من أثر العوامل اللفظية. تستخدم اختبارات تسلسل

الأعداد ومثال هذه الاختبارات:

ما هو العدد الذي يكمل السلسلة الآتية :

$$3 - 5 - 10 - 12 - 24.......................$$

وللكشف عن قدرة الأطفال في حل المشاكل البسيطة تستخدم أحياناً اختبارات التفكير ومن

أمثلتها:

1- أمل أشطر من محمد، ومحمد أشطر من عبد الله، فمن أشطر الثلاثة؟

2- الشخص الذي سرق المحفظة ليس أسمر ولا طويل القامة. ولا حليق الذقن والأشخاص الذين

كانوا في الغرفة وقت السرقة هم:

فراس: وهو قصير أسمر وحليق الذقن.

فارس: وهو قصير ذو لحية وأبيض الوجه.

فوزي: وهو أسمر وطويل وليس حليق الذقن.

رابعاً- اختبارات القدرات الميكانيكية:

يقصد بالاستعداد الميكانيكي مجموع الصفات التي تسهم في النجاح في الأعمال الميكانيكية.

والسؤال الذي حاول علماء النفس الإجابة عنه هو:

هل الاستعداد الميكانيكي عبارة عن استعداد بالمعنى الدقيق أو أنه مجموعة من الاستعدادات؟

إن أول الدراسات التي هدفت إلى البحث عن كنه الاستعداد الميكانيكي هي الدراسة التي قام بها (كوكس) في انجلترا. لقد أعد (كوكس) مجموعة معينة من الاختبارات وطبقها على أفراد من الجنسين وعالج النتائج بمناهج التحليل العاملي، واستطاع عزل عامل الاستعداد الميكانيكي.

وقد أجرى بيترسون وزملاؤه، دراسات تفصيلية للاختبارات الموجودة، وانتقوا بعضها وطبقوها على طلبة السنوات الأولى في التعليم الثانوي، والاختبارات التي استعملوها هي: اختبار منيسوتا في التجميع الميكانيكي، واختبار العلاقات المكانية، ولوحة الأشكال الورقية، واختبار الاستعداد الميكانيكي لستنكويست Stinquist وأضيف إلى ذلك بعض الاختبارات الأخرى للميول. وقد تميزت دراسات منيسوتا عن دراسات لندن (كوكس) في طريقة تركيب الاختبارات وفي الفكرة العامة لها وفي سنة (1940) قام هارل (Harell) بإجراء بحث يوضح طبيعة القدرة الميكانيكية، فأعد (32) اختباراً منها (15) اختباراً يدوياً وبعضها مجموعة اختبارات لمنيسوتا. وقد استطاع أن يستخلص خمسة عوامل ثلاثة منها لها علاقة بالمهارة الميكانيكية. وهذه العوامل الثلاثة هي:

- **العامل المكاني:** ويدخل في اختبارات الورقة والقلم، مثل اختبار عدد المكعبات واختبار لوحة الأشكال الورقية، وهذا العامل يتميز به الأفراد الذين يتميزون في قدرتهم على التصور البصري للمكان.

وقد طبق الدكتور القوصي (28) اختباراً اقتبس بعضها من (سبيرمان) وبعضها من (ستيفنسون) وبعضها من وضع الدكتور القوصي نفسه.

وقد وجد أن عامل إدراك المكان يتعلق بإدراك وتفسير وترتيب الموضوعات ذات العلاقة المكانية.

- **عامل المهارة اليدوية**: ويدخل في الاختبارات اليدوية مثل لوحة الدبابيس (المسامير)، واختبارات التنقيط، واختبارات التجميع.

- **العامل الادراكي**: يدخل في اختبارات الصور واختبارات تجميع العـدد وهـذا العامـل هـو السـرعة والدقة في إدراك التفاصيل المختلفة في الأشكال الموجودة.

ظلت مشكلة تحديد العوامل المؤثرة في الاختبارات الميكانيكية تحتل منزلة هامة في بحوث القياس النفسي حتى نشر جيلفورد عام (1948) نتيجة (1947) أبحاثه في سـلاح الطـيران الأمريكي وخلاصـة نتـائج هذه الدراسات إن الاختبارات الميكانيكية مشبعة بعاملين هما:

- عامل التصور البصري المكاني.
- عامل المعلومات الميكانيكية.

ومن الاختبارات التي تقيس مكونات القدرة العملية:

أ- اختبارات القدرة المكانية ومنها:

1- **اختبارات تكملة الأشكال**: في هذا النوع مـن الاختبـارات يعـرض عـلى المفحـوص شكلاً ناقصاً وأمامه عدداً آخر من الأشكال الصغيرة ويطلب إليه أن يختار الجزء الذي يكمل الشكل الكبير حتى يكـون مربعاً أو مستطيلاً.

2- **اختبارات الأشكال المنحرفة** وهو مقتبس من اختبار القدرات العقلية (لثيرستون) وقد طبـق في مصر وثباته بلغ (0.85).

3- **اختبارات لوح الأشكال**: وهو اختبار ورقي ويمكن إجراؤه بطريقة جمعية.

4- **اختبار الأشكال المقلوبة**: وهذا الاختبار مقتبس من اختبار لمعهد علم النفس الصناعي في لنـدن ومعامل ثباته (0.74).

ب- اختبارات القدرة الميكانيكية:

1- **الاختبارات الورقية:** يعتمد هذا الاختبار على إدراك العلاقة بين متغيـرات ميكانيكيـة مرسومة للطالب وأمامها أسئلة وتحت الأسئلة أنواع الإجابات المحتملـة لينتقـي منهـا الطالـب الإجابـة التـي يراهـا مناسبة.

2- **الاختبارات العملية:** اختبار تجميع الوحدات. وهو عبارة عـن صـناديق مقسمة إلى عيـون وفي كل عين قطعة من الأدوات المستعملة في الحياة اليومية أو في بعض المهن المألوفة، ويطلب إلى المفحوص أن يفك الموضوع إلى اجزائه ثم يعيد تركيبه. وهي ذات معامل ثبات يبلغ (0.80).

النموذج السادس- اختبارات الابتكار (القدرات الإبداعية):

من أهم خصائص التقـويم النفسيـ المعاصر زيادة الاهتمام بقياس الابتكارية مسايرة للنشـاط المتزايد في مختلف ميادين علم النفس لدراسة طبيعة النشاط الابتكاري والعوامل المؤثرة فيه.

إن الاهتمام بالتفكير الابتكاري يعبر عن حاجه المجتمعات المعاصرة لزيادة وتنمية ثروتها البشرـية من العلماء والمهندسين والقادة الإداريين والفنانين.

يعود الفضل للعالم الأمريكي جيلفورد في زيادة حركة قياس التفكير الابتكاري فقد أثرت نظريته عن تنظيم العقل في معظم بحوث الابتكار وفيها يقترح تصنيف القدرات العقلية إلى فئتين كبيرتين هما:

- قدرات التفكير.

- قدرات الذاكرة.

وتنقسم عوامل التفكير إلى ثلاثة أنواع هي:

أ- **قدرات التفكير المعرفي (بمعنى الاكتشاف).**

ب- **قدرات التفكير الإنتاجي** وتنقسم إلى فئتين هما:

- قدرات التفكير الإنتاجي التقاربي.

- قدرات التفكير الإنتاجي التباعدي.

ج- قدرات التفكير التقويمي: ويرى جيلفورد أن الإنتاج التباعدي عامل هام في التفكير الابتكاري. وقد وضع اختبارات عديدة لقياس هذه القدرة في مستويات مختلفة وفي محتويات متباينة. ويرى كذلك أن بعض عوامل الذاكرة والتفكير المعرفي والتفكير التقويمي والتفكير الإنتاجي التقاربي ترتبط بالعمل الابتكاري.

وقد أثرت نظريه جيلفورد في ظهور بطاريتين لقياس التفكير الابتكاري هما:

أولاً- اختبارات جيلفورد للتفكير الابتكاري (جامعة كاليفورنيا):

تتألف بطارية اختبارات التفكير الابتكاري لجيلفورد على النحو الآتي:

أ- اختبارات جيلفورد - كريستنسن للطلاقة:

وتتألف من (4) اختبارات يطلب فيها إلى المفحوص أن يكتب كلمات بأسرع ما يمكن تحت الشروط الآتية:

1- طلاقة الكلمات. يطلب إلى المفحوص أن يكتب كلمات ذات خصائص معينة، كأن تتضمن حرف (ب) مثلاً (الإنتاج التباعدي لوحدات الرموز).

2- طلاقة الأفكار (الإنتاج التباعدي لوحدات المعاني). يطلب إلى المفحوص أن يذكر أسماء الأشياء التي تنتمي إلى فئة معينة مثل (السوائل التي تحترق).

3- طلاقة التداعي (الإنتاج التباعدي للعلاقات بين المعاني). يطلب إلى لمفحوص إعطاء كلمات تتشابه في المعنى مع كلمة أخرى.

4- الطلاقة التعبيرية (الإنتاج التباعدي لمنظومات الرموز). يطلب إلى المفحوص تكملة جمل، كل منها يتألف من (4) كلمات بحيث تبدأ كل كلمة بحرف معين.

ب- اختبار الاستخدامات البديلة (الإنتاج التباعدي لفئات المعاني):

يطلب إلى المفحوص أن يذكر الاستخدامات المحتملة لشيء معين غير استخدامه المألوف (قالب الطوب مثلاً يستخدم في البناء استخداماً مألوفاً).

ج- اختبار المترتبات (الإنتاج التباعدي لوحدات المعاني والإنتاج التباعدي لتحويلات المعاني):

يطلب إلى المفحوص أن يذكر النتائج المختلفة المترتبة عن حادث افتراضي مثل (ماذا يحدث لو أن الناس توقفوا عن النوم؟).

ويعطى للمفحوص في هذا الاختبار درجتان: احداهما للاستجابات الواضحة (وتقيس طلاقة الأفكار أو الإنتاج التباعدي لوحدات المعاني) والأخرى للاستجابات البعيدة (وتقيس الاصالة والإنتاج التباعدي لتحويلات المعاني).

د- الأعمال المحتملة (الإنتاج التباعدي لتضمينات المعاني):

يطلب إلى المفحوص أن يذكر الأعمال المحتملة التي يمكن أن يرمز لها بشعار(مصباح كهربائي مثلاً).

هـ- عمل الأشياء (الإنتاج التباعدى لمنظومات الأشكال):

ويطلب فيه إلى المفحوص أن يرسم أشياء محددة باستخدام مجموعه معطاة من الأشكال (كالدوائر والمثلثات) وعليه ألا يستخدم الا الأشكال المعطاة فقط.

و- الاسكتشات (الإنتاج التباعدي لوحدات الأشكال):

يطلب إلى المفحوص أن يرسم اكبر عدد من الاسكتشات بإضافة تفاصيل إلى كل شكل من الأشكال المعطاة.

ز- مشكلات عيدان / الثقاب (الإنتاج التباعدي لتحويلات الأشكال):

يطلب إلى المفحوص أن يستبعد عدداً معينا من عيدان الثقاب (المرسومة على الورق في صورة خطوط مستقيمة) بحيث ينتج عن ذلك عدداً من المربعات أو المثلثات.

ح- اختبار الزخرفة (الإنتاج التباعدي لتضمينات الأشكال):

يطلب إلى المفحوص أن يزخرف صوراً لأشياء مألوفة بأكبر قدر من الرسوم المختلفة.

حسب جيلفورد ثبات هذه الاختبارات بطريقة التجزئة النصفية وتراوح بين (0.60 - 0.80). أما عن الصدق فقد اعتمد اعتماداً كبيراً على صدق التكوين الفرضي.

وقد قام الدكتور عبد السلام عبد الغفار بإعداد بعض اختبارات جيلفورد باللغة العربية فأعد اختبارين لقياس الطلاقة اللفظية (طلاقة الكلمات) هما:

- اختبار الطلاقة اللفظية (1) ويتطلب إلى المفحوص أن ينتج كلمات تبدأ بحرف معين.

- اختبار الطلاقة اللفظية (2) ويتطلب إلى المفحوص أن ينتج كلمات تنتهي بحرف معين. كما أعد (3) اختبارات أخرى لقياس بعض عوامل التفكير الابتكاري الأخرى وهي:

1- اختبار الطلاقة الفكرية لقياس عامل طلاقه الأفكار.

2- اختبار الاستعمالات لقياس عامل المرونة التلقائية.

3- اختبار المترتبات لقياس عامل الاصالة.

ثانياً- اختبارات تورنس للتفكير الابتكاري (جامعة منيسوتا):

ظهرت هذه الاختبارات لمواجهة الضرورات التربوية والعملية كجزء من برنامج طويل من البحوث تهتم بالخبرات التعليمية التي تساعد على تنمية الابتكار. تتألف اختبارات تورنس للتفكير الابتكاري مـن (10) اختبارات مصنفة إلى بطاريتين: احداهما لفظية والأخرى مصورة.

تسمى البطارية الأولى: التفكير الابتكاري بالكلمات، والثانية التفكيـر الابتكاري بالصور.

تصلح هذه الاختبارات لمختلف المستويات من مرحلة الحضانة حتى مستوى الدراسات العليـا، شريطة أن تطبق فردياً وشفوياً على المستويات الأدنى من الصف الرابع الابتدائي (الأساسي) وتوجـد صـورتان متكافئتان لكل بطارية مـن البطاريتين.

الصورة (أ) والصورة (ب) في التفكير الابتكاري بـالكلمات تتـألف الأنشطة الثلاث الأولى (اسـأل وخمن) من صورة غير عادية يستجيب لها المفحوص بكتابة:

أ- جميع الأسئلة التي يحتاج إلى توجيهها لكي يعرف ما يحدث في الصورة.

ب- الأسباب المحتملة لما حدث في الصورة.

ج- النتائج المترتبة على ما حدث في الصورة.

أما النشاط الرابع فيتعلق بطرق تحسين لعبة من لعب الأطفال بحيـث تصبح مصـدراً لمزيد مـن السرور والفرح لمن يلعب بها. ويتعلق النشاط الخامس بـذكر الاستخدامات غير العاديـة لشيـء مـألوف (علب الكرتون) في الصورة (أ) (وعلب الصفيح) في الصورة (ب). ويتعلـق النشـاط السـادس بالأسئلة غير المعتادة التي يمكن توجيهها عن الشيء المتضمن في النشاط الخامس. أمـا النشاط السـابع فقـد اعـد عـلى نسق اختبار المترتبات عند جيلفورد، ويتطلب من المفحوص أن يذكر كل ما يمكن أن يحدث إذا نشأ موقف غير ممكن الحدوث. وتعطي البطارية درجات كلية في العوامل الثلاث: الطلاقة والمرونة والاصالة.

ويتألف اختبار التفكير الابتكاري: الصورة (أ) والصورة (ب) من (3) أنشطة هي:

1- تكوين الصورة وفيه يعطى المفحوص ورقة ملونة ذات شكل منحنى وعليه أن يضعها على صفحة بيضاء في الموضع الذي يشاء ويستخدمها كبداية لرسم صورة غير عادية (الورقة الملونة المستخدمة في الصورة (أ) زرقاء اللون والمستخدمة في الصورة (ب) صفراء اللون).

2- تكملة الصور: ويتألف من (10) خطوط مختلفة يستخدم كلاً منها في رسم صورة منفصلة، وهذا الاختبار يستخدم الأسلوب نفسه المستخدم في اختبار(هورن) للاستعداد الفني.

3- يعطى النشاط الثالث للمفحوص قائمة من الخطوط المتوازية (الصورة (أ) أو الدوائر (الصورة (ب) وعليه أن ينتج اكبر عدد من الصور والرسوم.

يحصل المفحوص في البطارية المصورة على (4) درجات هي: الطلاقة، المرونة، الاصالة، وإعداد التفاصيل.

أعد هذه البطاريات باللغة العربية الدكتور عبد الله سليمان والدكتور فؤاد أبو حطب وظهرت عام (1971) على النحو الآتي:

1- التفكير الابتكاري بالكلمات: الصورة (أ)

2- التفكير الابتكاري بالكلمات: الصورة (ب)

3- التفكير الابتكاري بالصور : الصورة (أ)

4- التفكير الابتكاري بالصور: الصورة (ب)

5- كراسة تعليمات اختبار تورنس للتفكير الابتكاري.

6- استمارة تصحيح (1) لاختبار التفكير الابتكاري بالكلمات(الصورة (أ) والصورة (ب))

7- استمارة تصحيح (2) لاختبارات التفكير الابتكاري بالصور(الصورة (أ) والصورة (ب).

8- استمارة تقدير المعلمين للابتكار.

9- استمارة تقدير الطلبة للابتكار.

هذا وقد وضع تورنس عشرين مبدأ لتنمية التفكير الابتكاري يمكن للمعلم أن يمارسها داخل الصف ومنها:

1- اهتم بالتفكير الابتكاري وارفع من قيمته وشجع على الأفكار الجديدة والمواهب الإبداعية.

2- نمِّ حساسية الأطفال للمثيرات البيئية.

3- درّس طلبتك كيفية اختبار كل فكرة على شكل منظم.

4- وفر جواً صفيا خلاقاً مريحاً.

5- شجع الطالب على أن يعبر عن أفكاره.

6- ضع للطلبة مشكلات مثيرة لهم.

7- نمّ لدى الطلبة القدرة على النقد البناء.

8- شجع الطلبة على أن يكتسبوا المعارف من ميادين مختلفة.

ثالثاً- اختبارات واطسون وجليزر للتفكير الناقد:

يتكون هذا الاختبار من (5) اختبارات فرعية هي:

1- الاستنتاج: ويقيس القدرة على التمييز بين الدرجات المختلفة من الصواب والخطأ والتوصل إلى استنتاجات معينة على أساس البيانات المعطاة.

2- التعرف على الافتراضات: ويقيس القدرة على التعرف على الافتراضات المتضمنة في القضايا المعطاة.

3- الاستنباط: ويقيس القدرة على التفكير الاستنباطي من مقدمات معينة.

4- **التفسير:** ويقيس القدرة على الحكم على الشواهد والأدلة وللتمييـز بيـن التعميمات التي تبررها الأدلة والتي لا تبررها.

5- **تقويم الحجج:** ويقيس القـدرة علـى التمييـز بـين الحجـج القويـة والضـعيفة. أعـد الاختبـار في صورته العربية الدكتور جابر عبد الحميد جابر والدكتور يحيى هندام.

النموذج السابع- الاختبارات التحصيلية:

للاختبارات التحصيلية أهمية في عملية التقويم فهي تعطي فكرة عن قـدرة وإمكانية الطلبة، ومن خلالها توضع الخطط العلاجية ويتم تعديل الأساليب وتقنيات التدريس وهناك عدة أنواع مـن الاختبارات التحصيلية هي:

1- الاختبارات الشفوية:

وتمتاز بما يلي:

أ- أنها لا تسمح بالغش.

ب- توفر فرصة المواجهة بين المعلم والطالب (المفحوص) يستطيع المعلم (الفاحص) الكشـف عـن قدرات وإمكانيات الطلبة المعرفية.

2- الاختبارات المقالية:

ومن ابرز حسناتها:

أ- سهولة وسرعة إعدادها.

ب- تقيس قدرات كثيرة ومتنوعة.

ج- تساعد في الكشف عن قدرة الطالب على التحليل والنقد وإصدار الإحكام.

د- تخلو من كل أثر للتخمين.

أما سلبياتها فهي:

أ- الذاتية والبعد عن الموضوعية

ب- تقتصر على تغطية جوانب محددة من المادة الدراسية.

ج- يلعب الحظ دوراً في احتمال حصول الطالب على علامة لا يستحقها

د- يستغرق تصحيحها وقتاً طويلاً.

هـ- تقيس عدداً محدداً من القدرات.

3- الاختبارات الموضوعية:

أنواعها:

أ- اختبار الصواب والخطأ:

يتألف هذا النوع من الاختبارات من عدد من العبارات بعضها صحيح وبعضها خطأ ويطلب من المفحوص أن يحكم على كل عبارة منها إما بالصواب وإما بالخطأ. وذلك إما بوضع إشارة (✔) أو إشارة (×) أو بوضع كلمة نعم أو لا أو بوضع (ص) إذا كانت العبارة صحيحة أو بوضع (خ) إذا كانت غير صحيحة (خطأ).

وتمتاز هذه الاختبارات بما يلي:

1- سهولة الإعداد والتصحيح.

2- شمولها للمادة الدراسية.

3- الموضوعية والابتعاد عن الذاتية.

4- مناسبتها للصغار ولمن عندهم ضعف في الكتابة.

أما عيوبها فهي:

1- تفسح المجال للتخمين بنسبة تصل إلى 50%.

2- تساعد على الغش من الزملاء.

3- درجة ثباتها منخفضة.

4- لا تقيس عمليات عقلية عليا.

أمثلة على اختيار الصواب والخطأ:

- إن اكبر الأنهار في العالم هو نهر النيل ( )

- عمان عاصمة المملكة الاردينة الهاشمية ( )

- أشهر من كتب في النظرية السلوكية سكنر ( )

- الجشطلت نظرية التحليل النفسي في التطور المعرفي ( )

- تبحث نظرية التحليل النفسي في التطور المعرفي ( )

ويمكن إجمال أنواع اختبارات الصواب والخطأ بما يلي:

1- أسئلة النمط العام.

2- أسئلة نمط لماذا.

3- أسئلة نمط أن يصحح.

4- أسئلة نمط أن يضع الصح والخطأ في السؤال الواحد.

5- أسئلة النمط العنقودي وفيها يطلب من المفحوص أن يضع إشارة (✓) أمام الجملة التي لها علاقة بنص السؤال مثال:

اختر النقاط ذات العلاقة في النظرية المعرفية فيما يلي:

.... من أشهر روادها بياجيه.

.... ركزت على النمو الانفعالي عند الأطفال.

.... أهم مصطلحاتها مثير واستجابة وتعزيز.

.... وضعت الأساس العام للتعلم.

.... ركزت على ارتباط المراحل المعرفية ببعضها.

.... نظرت إلى المرحلة الحس حركية بأنها الأولى في عملية التطور

ب- اختبارات الاختيار من متعدد:

تعتبر من أفضل أنواع الاختبارات الموضوعية لأنها تقيس أهدافا عقلية عليا. وتتكـون مـن جـزئين: الأول يسمى قاعدة السؤال والجزء الثاني يطلق عليه بدائل الإجابة وفيما يلي بعض الأمثلة:

- أهم مدينة في المملكة الأردنية الهاشمية:

أ- اربد   ب- الزرقاء

ج- عمان   د - السلط

- أهم معادن الوطن العربي:

أ- الفوسفات   ب- الحديد

ج- النحاس   د - النفط

مزايا اختبارات الاختيار من متعدد:

- تغطي المادة الدراسية.

- سهولة التصحيح.

- تخلو من ذاتية المصحح.

- ارتفاع معاملي الصدق والثبات.

- التحليل الإحصائي للنتائج.

أما عيوبها فهي:

- تحتاج إلى وقت طويل في الأعداد.

- مكلفة ماديا.

- سهوله الغش فيها.

- تتأثر بالصدفة والتخمين.

ج- اختبارات المزاوجة أو المقابلة (المطابقة):

يتألف هذا النوع من الاختبارات من قائمتين من العبارات أو الكلمات تمثل الأولى المثيرات وتمثل الثانية الاستجابات ويطلب إلى المفحوص أن يوفق بين المثيرات (القائمة الأولى) والاستجابات (القائمة الثانية).

مثال: صل كل جملة في العمود الأول بما يناسبها في العمود الثاني:

النظرية المعرفية	ارتباط الجزء بالكل
النظرية السلوكية	البنى المعرفية
نظرية الجشطالت	المثير والاستجابة

ومن مزاياها:

- سهوله إعدادها وتصحيحها.

- عدم تأثرها بذاتية المصحح.

- صلاحيتها للاستخدام في معظم المواد الدراسية.

ومن سلبياتها:

- التركيز على حفظ المعلومات.

- عدم صلاحيتها لقياس القدرات العقلية العليا.

د- اختبارات التكميل:

تعد من الاختبارات الفعالة في قياس تحصيل الطلبة ويطلق عليها اسم اختبارات الاستدعاء أو التذكر، ومن الأمثلة عليها:

- مؤسس الدولة الأموية هو ....

- يقع المسجد الأقصى في مدينة ....

- استقلت تونس عام ....

- لقياس درجة حرارة المريض نستخدم ....

- تنطفيء الشمعة إذا وضعت تحت ناقوس بسبب ....

- حاصل ضرب 7 × 9 هو ....

ومن مزاياها:

- الشمولية.

- الموضوعية في التصحيح.

- سهولة التصحيح.

- قلة التخمين.

أما عيوبها فهي:

- تعتمد على الحفظ والاستظهار للمعلومات والحقائق.

- استناد الإجابة لأحكام ذاتية.

- صعوبة كتابة عباراتها.

- تتطلب جهداً من الطالب في القراءة.

أسئلة على الفصل الثالث

1- اذكر خمسة من أنواع اختبارات الذكاء العام.

2- ما هي مزايا اختبار ستانفورد- بينيه؟

3- ما هي الخطوات التي اتبعها بياجيه لجمع المعلومات؟

4- هناك عدة اختبارات لقياس الشخصية 0 اذكر خمسة منها.

5- جرت محاولات كثيرة في التاريخ القديم والحديث لدراسة شخصية الإنسان. اذكر هذه المحاولات.

6- تهدف اختبارات المواقف لقياس عدة صفات. اذكر هذه الصفات.

7- اذكر خمسة من الميول التي يقيسها اختبار كودر.

8- تستند الاختبارات الاسقاطية إلى عدة أسس. اذكر هذه الأسس.

9- اذكر خمسة من أنواع الاختبارات الاسقاطية.

10- ما الفرق بين اختبارات تكملة الجمل واختبارات تداعي الكلمات.

11- ما هي عيوب الاختبارات المقالية؟

12- اذكر خمسة من مزايا الاختبارات الموضوعية.

13- قارن بين الأسئلة الموضوعية والأسئلة المقالية.

الفصل الرابع

الاختبارات النفسية

في الوطن العربي

1- في الأردن

3- في العــراق

الأهـــــــداف

يتوقع من الدارس بعد دراسته لهذا الفصل أن يكون قادراً على أنْ:

1- يتعرف إلى الاختبارات التي استخدمها الباحثون في الأردن.

2- يتعرف إلى الاختبارات التي استخدمها الباحثون في مصر.

3- يذكر أنواع الاختبارات النفسية التي استخدمت في العراق.

4- يذكر ثلاثة من الاختبارات النفسية التي أجريت في المغرب.

الفصل الرابع

الاختبارات النفسية في الوطن العربي

أولاً- الاختبارات والمقاييس المستخدمة في الأبحاث التربوية في الأردن:

وهي من إعداد إبراهيم يعقوب وإشراف الدكتور فريد أبو زينه.

1- مقياس القلق: استخدمه اسعد فرحان الداوود (1982) وهو اختبار نفسي اعد لقياس درجة القلق لدى الأفراد ويتكون هذا المقياس من (20) فقرة يطلب من المفحوص أن يختار بديلاً من البدائل التالية:

أبدا ، أحيانا ، غالباً ، نادراً

كان معامل الارتباط لجميع أفراد العينة (0.72).

2- مقياس وصف سلوك القائد (المدير): استخدمه محمد عبد الرحمن طوالبة (1982) وهو يتكون من (30) فقرة وقد صيغت كل فقرة بحيث تصف سلوكا قد يقوم به المدير ويطلب من المفحوص أن يختار بديلاً من البدائل:

دائماً ، غالباً ، أحيانا ، نادراً

وتترجم هذه الاستجابات إلى درجات هي: (4، 3، 2، 1) كان معامل ثبات الاختبار85 و0 لبعد المبادأة في وضع إطار العمل و 84 و0 لبعد الاعتبارية.

3- مقياس الإدراك البصري (مارين فروستج): عّربه سهيل كامل نزال واستخدمه عام (1980) في الجامعة الأردنية للحصول على درجة الماجستير.

يتكون المقياس من (72) فقره موزعة على خمسه اختبارات فرعية هي:

أ- اختبار التآزر الحركي البصري. ويتكون من (16) فقرة.

ب- اختبار إدراك الشكل والأرضية ويتكون من (8) فقرات.

ج- اختبار إدراك ثبات الشكل ويتكون من (32) فقرة.

د- اختبار إدراك المكاني للشيء ويتكون من (8) فقرات.

هـ- اختبار العلاقات المكانية ويتكون من (8) فقرات كان ثبات الاختبار(0.94).

4- اختبار ذكاء جمعي مصور للأطفال الأردنيين (4- 9) سنوات. أعدت هذا الاختبار سهام عبد اللـه ملكاوي للحصول على درجة الماجستير من الجامعة الأردنية (1979).

بني هذا الاختبار لقياس ثلاثة من العوامل المؤثرة في الذكاء وهي:

أ- العامل اللفظي.

ب- العامل العددي.

ج- عامل التفكير المنطقي.

وبلغت عدد فقرات الاختبار(78) فقرة موزعة على أربعة اختبارات فرعية هي:

- اختبار المتضادات وعدد فقراته (18) فقرة.

- اختبار المتشابهات وعدد فقراته (18) فقرة.

- اختبار العلاقات العددية والجمعية وعدد فقراته (18) فقرة.

- اختبار المفردات بأسمائها واستعمالاتها وعدد فقراته (24) فقرة.

- تم حساب معامل الثبات حيث بلغ (95و0).

5- صورة معدلة لمقياس وكسلر لـذكاء الكبـار، قـام بتعريبها الـدكتور عبـد اللـه زيـد الكيلاني (1979)، واستخدمه جميل الصمادي ووسام بريك وتيسـيرالياس. تـألف هـذا المقيـاس مـن (6) اختبارات لفظية هي اختبارات. المعلومات، والفهم، والحساب، والمتشابهات، وتذكر الأرقام والمفردات و(5) اختبارات أدائية هي اختبارات رموز الأرقام وتكميل الصور، ورسوم المكعبات وترتيب الصور وتجميع الأشياء. استخرج معامل الثبات النصفي للقسم اللفظي فكان (0.95) والأدائي (0.77) والكلي (0.95).

6- اختبار منيسوتا لاتجاهات المعلمين. استخدم هـذا الاختبار بعـد دراسـة أجريـت لتعريبـه واستخراج معاملات صـدقه وثباتـه للبيئـة الأردنيـة (تـوق ودوانـي، 1976) الـدكتور كـمال دوانـي لدراسة العلاقة بين الاتجاهات المعلنة والاتجاهات الملاحظة عند المعلمين.

7- صورة معدلة لمقياس وكسلر لذكاء الأطفال. تم تعريبه من قبل الدكتور عبـدالله زيد الكيلانـي واستخدمه يوسف القريوتي (1980) للحصول على درجة الماجستير من الجامعة الأردنية.

يتألف من (12) اختباراً فرعياً عشرة منها أساسية واختباران تكميليـان وتقسـم الاختبارات إلى قسمين:

- القسم اللفظي: ويضم ستة اختبارات فرعيه هي:

1- المعلومات العامة   ويتألف من (30) فقرة.

2- الفهـــــم   ويتألف من (14) فقره.

3- الاستدلال الحسابي   ويتألف من (16) فقرة.

4- المتشابهات والمتناظرات.

5- المفردات: وتتألف من (40) كلمة.

6- إعادة الأرقام.

- القسم الأدائي: ويضم ستة اختبارات فرعية هي:

1- تكميل الصور: ويتكون من (20) بطاقة يحتوى كل منها صورة ناقصة.

2- ترتيب الصور: ويتكون من (11) فقرة.

3- تصميم المكعبات: ويتكون من (10) فقرات.

4- تجميع الأشكال: ويتكون من (4) فقرات.

5- الترميز.

6- المتاهات.

استخرجت معاملات الثبات فكانت للقسم اللفظي بين (0.85 - 0.91).

وللقسم الأدائي بين (0.78- 0.89). والكلي بين (0.93- 0.94).

8- **اختبار كاتل للذكاء:** قام بتعريبه احمد عبد العزيز سلامة وعبـد السـلام عبـد الغفار ليناسـب البيئة المصرية واستخدمه في الأردن كل من: تيسير العمري، هاشم عـواد المـومني، وخالـد فايز إبـراهيم (1982) الذي أعد رسالة ماجستير بعنوان: (أثر الـذكاء وبعـض سـمات الشخصية في القـدرة علـى التفكـير الابتكارى عند طلاب المرحلة الثانوية في الأردن (جامعة اليرموك).

حسب الباحثان المصريان معامل ثبات الاختبار عن طريق إعادة الاختبار فكان (0.89) أمـا الباحـث الأردني خالد إبراهيم فقد وجد أن معامل ثبات الاختبار في البيئة الأردنية (0.78) وذلك عـن طريـق إعـادة الاختبار.

وكذلك وجد عبد المجيد نشواتي أن معامل ثبات الاختبار (0.80).

9- **اختبار القدرة المنطقية:** قام ببناء الاختبار الأول من الاختبار الكلي وتطويره كـل مـن الـدكتور عمر الشيخ والدكتور فريد أبو زينه ثم قام الباحـث خطاب أبـو لبـده ببنـاء وتطويـر الاختبـار الثـاني مـن الاختبار الكلي للحصول على درجة الماجستير (1982) جامعـة اليرمـوك. وهو اختبـار موضوعي مـن نـوع الاختبار من متعدد اعد بهدف قيـاس قدرة الفرد علـى التفكيـر المنطقـي ويتكون الاختبـار الكلـي مـن اختبارين يتكون الأول من ثلاثة أجزاء شملت (30) فقرة ويتكون الاختبار الثاني مـن جـزئين شـملا (20) فقرة.

حسب معامل الثبات فكان للاختبار الأول (0.71) وللاختبار الثاني (0.73).

10- **قائمة الميول عند الأطفال:** تـم تعريـب القائمـة مـن قبـل سـهام رفيـق منـاع (1980) وذلك للحصول على درجة الماجستير من الجامعة الأردنية.

تألفت قائمة الميول من (11) جزءاً هي: المطالعة، السينما، الراديو، التلفاز، ألعاب ودمى، الهوايات, أشياء للامتلاك، الموضوعات المدرسية، الناس الذين تحبهم وتميل إليهم، الأعمال أو الوظائف التي تحـب أن تعمل بها أو تميل إليها، النشاطات.

وهذه الأجزاء موزعة على(250) فقرة لكل فقرة ثلاثة بدائل(نعم، لا، أعرف). تم حساب معامل الثبات حيث كانت قيمته (0.82).

11- قائمه منيسوتا الارشاديه المعدلة للبيئة الأردنية: تم تعديل القائمة من قبل ريما حبش (1977) للحصول على درجة الماجستير من الجامعة الأردنية ثم من قبل خديجة الصمادي (1978) ثم طورت بشكلها النهائي من قبل رغدة شريم (1980) الجامعة الأردنية واستخدمها تيسير منيزل النهار(1980) جامعة اليرموك.

تكونت القائمة من (255) فقرة قسمت على مقاييس سبعة فرعية هي:

أ- العلاقات الأسرية.   ب- العلاقات الاجتماعية.

ج- الاستقرار العاطفي.   د- الامتثال.

هـ- التكيف للواقع.   و- المزاج.

ز- القيادية.

تراوحت معاملات الثبات بين (70و0- 91و0).

12- مقياس قلق الامتحان: قام كايد أبو صبحة بترجمته وتعديله للبيئة الأردنية. وقد استخدمته هيفاء أبو غزاله (1978) للحصول على درجة الماجستير من الجامعة الأردنية.

يتألف من (30) فقرة من نوع الصواب والخطأ. تم حساب معامل ثباته فكان (0.66).

13- قائمة كورنل للاستجابات التشخيصية: تـم تعريـب هـذا الاختبـار مـن قبـل خولة السـاكت (1979) للحصول على درجة الماجستير من الجامعة الأردنية. تتألف قائمة كورنل مـن (100) فقـرة صـنفت بشكل مجموعات تتعلق بالأعراض الجسمية للأمراض النفسية وأخرى تتعلق بالأعراض السلوكية وهي من نوع الصواب والخطأ وتتألف من عشرة مقاييس فرعية هي:

▪ مقياس (الخوف وعدم الكفاية ويحوي (18) فقرة.

- مقياس الاكتئاب ويحوي (7) فقرات.

- مقياس العصبية والقلق ويحوي (7) فقرات.

- مقياس الأعراض العصبية ويحوي (5) فقرات.

- مقياس الأعراض السيكوسومانية ويحوي (15) فقرة.

- مقياس توهم المرض والضعف ويحوي (7) فقرات.

- مقياس الأعراض السيكوسومانية المتعلقة بالمعدة والأمعاء ويحوي (11) فقرة.

- مقياس الحساسية والشك المفرطين ويحوي (6) فقرات.

- مقياس الاضطرابات السيكوباتية الشديدة ويحوي (16) فقره.

- مقياس ردود الفعل ويحوي (8) فقرات.

تم حساب معامل الثبات وكان (84 و0).

14- قائمه مفهوم الذات للأطفال من 7- 16 سنه: أعد هذه القائمة وطورها الـدكتور عبـد اللـه زيد الكيلاني واستخدمها علي حسن عباس للحصول علـى درجـة الماجسـتير مـن الجامعـة الأردنيـة (1980) تألفت القائمة من (112) فقرة يجاب عنها بنعم أو لا وتتوزع هـذه الفقـرات علـى ثمانيـة مقاييـس فرعيـة بالتساوي تتضمن كل منها (14) فقرة وهي:

1- القيمة الاجتماعية	أعطي رمز (ق)
2- الجسم والصحة	أعطي رمز (م)
3- الثقة بالنفس	أعطي رمز (ث)
4- الاتزان العاطفي	أعطي رمز (ن)
5- الاتجاه نحو الجماعة	أعطي رمز (ج)
6- النشاط	أعطي رمز (ش)
7- القدرة العقلية	أعطي رمز (ذ)
8- العدوانية	أعطي رمز (ع)

تم حساب معامل الثبات فكان (82و0).

15- مصفوفة بانستر- فرانزيلا Bannister and Fransela: تم تقنين هذا الاختبار عام (1966). استخدمه الباحث الأردني نايف حسن المطر في بحثه. وهو اختبار نفسي وضع لقياس اضطراب التفكير.

وتتكون مصفوفة الاختبار من (8) صور بقياس (10 × 7 سم) تمثل ثمانية أشخاص ليسوا مألوفين للمفحوص (4) صور منها للذكور و(4) صور للإناث وقد طبع على خلف كل صورة حرفا من الحروف التالية:

(A. B. C. D. E. F. G. H)

وتكون الاختبار أيضا من (6) بناءات تمثل صفات نفسية وهذه البناءات هي: لطيف، غبي، أناني، مخلص، خبيث، شريف

يطلب من المفحوص في هذا الاختبار ترتيب الصور الثمانية تنازليا حسب درجة توافر صفة معينة من الصفات المذكورة. ويستمر المفحوص في عملية الترتيب هذه آخذاً كل صفة على حدة حتى ينهي الصفات المذكورة. تم التصحيح باستخدام معامل ارتباط الرتب (سبيرمان) وتم استخراج درجة التوافق ودرجة الشدة وكان الثبات مرتفعا.

16- اختبار كاتل للشخصية (اختبار عوامل الشخصية). تم ترجمة هذا الاختبار إلى اللغة العربية من قبل خليل عزمي القراعين (1980) واستخدمه سليمان الخطيب (1981) وخالد فايز إبراهيم.

يذكر خليل القراعين أن للاختبار عدة أشكال أعطيت الرموز: (A , B , C , D , E) وهو قد استخدم الشكل (B) من الاختبار. اعد هذا الاختبار ليطبق على الفئات العمريه من المرحلة الابتدائية إلى ما بعد سن الثلاثين. من مميزات هذا الاختبار انه يمكن تصحيحه يدوياً وآلياً ويطبق في زمن يتراوح بين (45- 60) دقيقه كما يمكن تطبيقه في عدة مجالات منها:

المهنية والاكلينكية، والاجتماعية والبحوث النفسية.

والصورة (B) التي استخدمها القراعين مكونة من (187) فقرة خصصت ثلاث منها وهي الفقرات (1، 2، 187) لإدخال المفحوص جو الاختبار وتقيس الفقرات الأخرى (16) عاملاً من عوامل الشخصية.

17- اختبار ذكاء مصور لتقويم الكفاءة العقلية للمعوقين عقليا في البيئة الأردنية: أعد هذا الاختبار من قبل عبد الله منيزل للحصول على درجة الماجستير من الجامعة الأردنية (1978) وقد استخدمته سناء هشام عليان للحصول على درجة الماجستير في التربية الخاصة من الجامعة الأردنية (1994). يحاول المقياس قياس ثلاث قدرات اعتبرت أساسية في الكشف عن الكفاية العقلية وهي:

1- القدرة اللفظية.

2- القدرة العددية.

3- القدرة على التفكير المنطقي.

ويتكون المقياس من خمس اختبارات فرعية هي:

1- اختبار المفردات وعدد فقراته (20) فقرة.

2- اختبار المتشابهات وعدد فقراته (15) فقرة.

3- اختبار المتضادات وعدد فقراته (15) فقرة.

4- اختبار القدرة العددية وعدد فقراته (20) فقرة.

5- اختبار المعلومات وعدد فقراته (15) فقرة.

وبذلك أصبح المقياس يتألف من (85) فقرة.

تم حساب ثبات الاختبار بطريقتين هما:

أ- الطريقة النصفية.

ب- طريقة الإعادة.

وأظهرت نتائج الثبات أن القياس الكلي يتمتع بدرج عالية من الثبات اذ وصـل بالطريقـة النصفيـة إلى (94و0) وبطريقـة الإعادة إلى (0.92).

18- اختبارات الاستعدادات الخاصة (الفارقة): أعـدت الـدكتورة سـهام أبـو عطيـة في الجامعـة الهاشمية كلية العلوم التربوية/ قسم علم النفس التربوي الاختبارات التالية:

أ- اختبار الاستدلال اللفظي (الزمن المحدد (30) دقيقه وهو مكون من(40) فقرة.

يقيس هذا الاختبار كيفية الاستدلال باسـتعمال الكلـمات وكـل فقـرة عبـارة عـن جملة تنقصها كلمتان، احداهما في بداية الجملة والأخرى في نهايتها. يلي كل فقرة خمسـة أزواج مـن الكلـمات وعـلى المفحوص ان يختار أحد هذه الأزواج لملء الفراغات في الجملة حتى تصبح جملة مفيدة. وفيما يلي أمثلـة على ذلك.

مثال (1)................. إلى النباح مثل القطة إلى....................

أ- المواء- القطط

ب- الكلب - المواء

ج- الكلب - الخرمشة

د - العض- الديك

هـ- الذئب - الخرمشة

مثال (2)............. إلى الماء مثل يأكل إلى........................

أ- يستمر - اللحم

ب- الشرب - العصير

ج- يشرب - الطعام

د - يسبح - الفواكه

هـ- الطعام - يشرب

مثال (3).......... إلى حفرة مثل ملعقة إلى........................

أ- خندق - مغرفة

ب- جاروف - شوربة

ج- حفره - سكين

د- جاروف - مغرفة

هـ- قدر - ملقط.

مثال (4)............. إلى ساعة مثل غرام إلى........................

أ- وقت - قياس

ب- ثانية - وزن

ج- دقيقة - كيلو غرام

د- شهر - ميزان

هـ- يوم - طن.

مثال (5)............. إلى جندي مثل سيف إلى........................

أ- معركة - فارس

ب- جيش - دفاع

ج- سلاح - فارس

د- خوذة - ترس

هـ- درع - ضابط.

ب- اختبار القدرة العددية: الزمن المحدد (30) دقيقه.

يقيس هذا الاختبار القدرة العددية ويتكون من(40) فقرة وأمام كل سؤال خمس إجابات. يطلب مـن المفحوص أن يختار انسب الإجابات الصحيحة ومن الأمثلة ما يلي:

مثال (1) إن الرقم البديل للحرف (س) في المسألة الآتية:

$$\begin{array}{r} \text{س} \quad 7 \quad 2 \\ \times \quad 2 \\ \hline \\ 522 \end{array}$$

هو: أ- صفر   ب- 1   ج- 4   د- 6   هـ- جواب آخر.

مثال (2) الرقم المكمل للسلسلة الرقمية الآتية:

؟	11	8	5	2

هو: أ- 24   ب- 22   ج- 19   د- 14   هـ- جواب آخر

مثال (3) الرقم البديل للحرف (ف) في عملية الطرح الآتية:

$$\begin{array}{r} 112 \\ - \quad \text{ف } 4 \\ \hline 18 \end{array}$$

هو: أ- 9   ب- 7   ج- 6   د- 5   هـ- جواب آخر

ج- اختبار الاستدلال المجرد، الزمن المحدد (25) دقيقة:

يقيس هذا الاختبار القدرة على الاستدلال المجرد وهو يتكون من (40) فقرة. وكل فقرة تتكون من أربعة رسوم أو أشكال تعتبر أشكال المشكلة وخمسة في الصف المقابل تسمى أشكال الإجابة.

يطلب من المفحوص أن يحدد أي شكل من أشكال الإجابة الخمسة يصلح لأن يكون الشكل الخامس في السلسلة. ومن الأمثلة على ذلك:

1- المثال الأول :

أشكال المشكلة (السؤال)　　　　أشكال الإجابة

أ　ب　ج　د　هـ

2- المثال الثاني:

أشكال السؤال　　　　أشكال الإجابة

أ ب ج د هـ

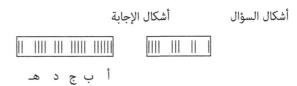

ومن الأمثلة على الاختبارات النفسية في الوطن العربي ما يلي:

أ- في مصـــــر:

أولاً- اختبار القدرات العقلية الأولية:

اقتبس احمد زكي صالح هذا الاختبار من اختبار ثيرستون للقدرات العقلية وعدّله ليناسب البيئة المصرية. يقيس هذا الاختبار أربعاً من القدرات الأولية الأساسية في النجاح الدراسي والمهني وهي:

أ- القدرة اللغوية

ب- القدرة على الإدراك المكاني

ج- القدرة على التفكير

د- القدرة العددية

ويتكون الاختبار من الأقسام التالية:

1- اختبار معاني الكلمات: ويطلب فيه من المفحوص أن يجد أقرب الكلمات معنى للكلمة الأولى، مثال:

رسول: زعيم - مصلح - إله - نبي

شقيق: خال - جد - أخ - عم

2- اختبار الإدراك المكاني: ويطلب فيه من المفحوص أن يؤشر على الشكل أو الأشكال التي تشبه الشكل الأول.

مثال:

رسم

3- اختبار التفكير: ويطلب من المفحوص أن يكتب الحرف التالي لآخر حرف في السلسلة:

أ ب س ت ث س ج ح س خ د س ....

4- اختبار الجمع البسيط: يطلب من المفحوص مراجعة جمع الأرقام الآتية ومعرفة فيما إذا كان صحيحاً أو خطأ:

$$32 + 73 + 61 = 156$$

ثانياً: قياس الذكاء الاجتماعي:

- اقتبسه محمد عماد الدين إسماعيل عن الاختبار الأمريكي الذي حمل اسم: (Social Intelligence Test) ويستخدم هذا الاختبار لانتقاء الأفراد الذين يتطلب عملهم الاتصال بالآخرين والتعامل معهم.

يتألف الاختبار من (80) سؤالاً، (30) منها خاصة بالتصرف في المواقف الاجتماعية، و(50) منها خاصة بالحكم على السلوك الإنساني. مثال:

- **التصرف في المواقف الاجتماعية:** إذا زرت صديقا مريضا منذ فترة من الزمن، فإن أحسـن تصرف تقوم به هو أن:

أ- تحدثه عن الأوقات السعيدة التي تقضيها.

ب- تحدثه عن أخبار الأصدقاء الذين تعرفونهما.

ج- تتحدث معه عن الأحداث الجارية.

د - تبين له أنك متأثر جداً لمرضه.

- **الحكم على السلوك الإنساني:** ضع دائرة حول الحرف (ص) إذا كانت العبارة صحيحة فيما يلي:

ص : خ : رأي الأم عن ابنها هو أصح رأي.

ص : خ : معظم الرجال لا يقبلون أن يتلقوا الأوامر من النساء.

ص : خ : الادعاء والغرور مصدرهما الرغبة في الحصول على تقدير المجتمع.

وقد بلغ ثبـات الاختبار (0.80) للتصرف في المواقف الاجتماعيـة و(0.85) لفقرات الحكـم عـلى السلوك الإنساني.

ثالثاً- اختبار الشخصية المتعدد الأوجه:

اعد هذا الاختبار كل من عطية محمود هنا ومحمد عماد الـدين إسـماعيل ولـويس كامـل مليكـه اقتباساً عن اختبار منيسوتا المتعدد الأوجه للشخصية (الصورة الجمعية).

يحتوي هذا الاختبار على (566) فقـرة يجيـب عليهـا المفحـوص (بـنعم أو لا). قـام لـويس مليكـة بسلسلة من الدراسات على هذا الاختبار لجعله صالحاً للبيئة المصرية وقد أوجد صدقه وثباته. وفيما يلي نماذج من فقرات هذا الاختبار[1].

---

[1] عبد الجليل إبراهيم الزوبعي وآخرون- مرجع سابق. ص: 121.

- **توهم المرض:** أفقد الإحساس في منطقه أو أكثر من جلدي.

أصاب بحموضة المعدة بدرجة تضايقني عدة أيام كل أسبوع.

- **الانقباض:** من السهل أن توقظني الأصوات من نومي

أشعر أحيانا برغبة في السب.

- **الرحام (الهستيريا):** اشرب من الماء يوميا مقادير كبيرة بشكل غير عادي.

من الأسلم ألا يثق الإنسان بأحد.

- **الانحراف السايكوباثي:** هناك قليل من الحب والتآخي في عائلتي إذا قورنت بالعائلات الأخرى،

تعاطيت المشروبات الروحية بكثرة.

- الذكورة   - الأنوثة:

أحب قراءة المقالات المتعلقة بالميكانيكا.

عندما يسيء إلي أحد أشعر بأن من الواجب أن أرد الإساءة بالإساءة.

- **البارانويا** Paranoia: أشعر ان شخصا ما يسيطر على عقلي.

تعتريني من حين لآخر نوبات من الضحك والبكاء لا استطيع السيطرة عليها.

- **السيكاستثينيا** Psychasthenia: الحياة صعبة بالنسبة لي في معظم الوقت.

حدث ان امتنعت عدة مرات عن القيام بعمل ما لاعتقادي بضعف قدرتي على القيام به.

رابعاً- قائمة التفضيل الشخصي:

أعد هذا الاختبار جابر عبد الحميد جابر اقتباساً من اختبار ادواردز الامـريكي: Edwards Personal

Prefenence Test

يضم هذا الاختبار (225) فقرة وتحتوي كل فقرة على اختبارين تعبر عن أشياء قد يحبها المفحوص وقد لا يحبها وتصف مشاعر قد يحبها وقد لا يحبها وعلى المفحوص أن يختار البديل الذي يعتقد أنه ينطبق عليه اكثر من الآخر.

تتوزع فقرات الاختبار على (15) مجالاً هي:

- التحصيل
- الخضوع
- النظام
- العرض
- الاستغلال
- التمرد
- التأمل
- المعاضدة
- السيطرة
- الإذلال
- العطف
- التغيير
- التحمل
- الجنس
- الاعتداء.

ومن الأمثلة على ذلك ما يلي:

1- أحب أن اخطط وأن انظم تفاصيل أي عمل أقوم به.

أحب أن اتبع التعليمات وأن اعمل ما هو متوقع مني.

2- أحب أن أقص قصصاً مسلية ونكتاً في الحفلات.

أحب أن أكتب خطابات لأصدقائي.

3- أحب أن أسأل الأسئلة التي أعرف أن واحداً لا يستطيع الإجابة عنها.

أحب أن اخبر الآخرين كيف يقومون بأعمالهم.

4- أحب أن أكون مخلصاً لأصدقائي.

أحب أن ابذل أقصى جهدي فيما أتكفل بعمله.

5- أشعر بالاكتئاب لعجزي عن معالجة المواقف المختلفة.

أحب أن أقرأ الكتب والمسرحيات التي يلعب الجنس فيها دوراً كبيرا.

خامساً- اختبار الميول المهنية:

أعد هذا الاختبار احمد زكي صالح وهو مقتبس من اختبار كودر للتفضيل المهني. يقيس هذا الاختبار عشرة ميول هي: الميل الخلوي والميكانيكي والحسابي والعلمي والاقناعي والفني والأدبي والموسيقي والكتابي والميل للخدمات الاجتماعية.

يحتوي الاختبار على (504) فقرات. كل (3) فقرات منها موضوعة في وحدة واحدة لتكون مجموعة ثلاثية. يطلب من المفحوص أن يختار من بين كل مجموعة ثلاثية فقرتين: الفقرة الأكثر تفضيلاً والفقرة الأقل تفضيلاً بالنسبة له وأن يترك الفقرة المتبقية. ومن نماذج الفقرات مايلي:

أ- 1- تساعد في مستشفى.

2- تبيع الآت موسيقية.

3- تصلح أدوات منزلية.

ب- 1- تشتغل صياد سمك.

2- تشتغل بقطع الأشجار في الغابات.

3- تشتغل بدهان السيارات في مصنع.

ج- 1- تزور معرضاً للرسم والتصوير.

2- تذهب إلى مكتبة عامة للقراءة.

3- تزور متحفاً للآثار.

سادساً- اختبار الميول المهنية للرجال:

اعد هذا الاختبار الدكتور عطية محمود هنا اقتباساً من اختبار سترونج (Strong) يطلب من المفحوص في هذا الاختبار أن يضع علامة على احد التقديرات التالية (أحب الاشتغال بها - لا أهتم - لا أحب الاشتغال بها) والمكتوبة أمام كل فقرة من فقرات الأقسام الخمسة التالية:

القسم الأول : يتعلق بتفضيل المهن.

القسم الثاني: يتعلق تفضيل المواد الدراسية.

القسم الثالث: يتعلق بأنواع التسلية المختلفة.

القسم الرابع: يتعلق بأنواع النشاط.

القسم الخامس: يتعلق بصفات الأفراد المختلفين.

أما في الأقسام الثلاثة التالية فعلى المفحوص أن يرتب مجموعة من العناصر وفق تفضيله لها. وهي:

القسم السادس: يتعلق بالمفاضلة بين أوجه النشاط على أساس صفات أسلوب النشاط.

القسم السابع: يتعلق بالمفاضلة بين عملين محددين.

القسم الثامن: يتضمن حكم الفرد على نفسه وتقديرها في بعض النواحي.

سابعاً- اختبار الميول المهنية واللامهنية:

أعد هذا الاختبار الدكتور عبد السلام عبد الغفار. يتكون المقياس من (165) عبارة صممت كي تقيس (11) ميلاً. تم اختيار هذه الميول على أساس أنها تغطي اكبر قطاع يمكن تغطيته في ميدان الميول كما أن كلاً من هذه الميول يمثل عاملاً مستقلاً عن غيره.

ويمثل كل عامل من هذه العوامل بخمس عشرة عبارة تبين أنواعا من النشـاط التـي تـرتبط بهـذا العامل ويعطي المفحوص في هذا الاختبار درجتـين: درجـة عـن الميـل المهنـي ودرجـة عـن الميـل اللامهنـي والميول التي يقيسها هي:

1- الميل للفنون.

2- الميل للغات.

3- الميل للعلوم.

4- الميل للعمل الميكانيك.

5- الميل للعمل التجاري.

6- الميل للرياضة.

7- الميل للعمل في الخلاء.

8- الميل للعمل الذي يحتاج إلى إقناع أو إشراف على الغير.

9- الميل للخدمات الاجتماعية.

10- الميل للعمل الكتابي.

11- الميل للعمل الحسابي.

وقد استخرجت المعايير المئينية من نتائج تطبيق الاختبار على (197) طالباً و(227) طالبة.

ثامناً- اختبار الشخصية للأطفال:

أعده عطيه محمود هنا اقتباساً عن اختبـار كاليفورنيا للأطفال. يتألف من قسمين هما:

- التكيف الشخصي.

- التكيف الاجتماعي.

يحتوي الاختبار على (96) فقرة وقد استخرج ثبات الاختبار حيث تراوح بين (0.76 -0.89).

ومن نماذج فقرات الاختبار:

- هل يساعدك أحد في لبس ملابسك؟

- هل معظم الأطفال أشطر منك؟

- هل تحب الذهاب إلى المدرسة؟

- هل يتشاجر الأطفال معك كثيراً؟

- هل تنبسط من الأطفال الذين يقومون بأعمال أحسن من الأعمال التي تقوم بها؟

تاسعاً- مقياس الإرشاد النفسي:

اعد هذا الاختبار كل من محمد عماد الدين إسماعيل وسيد عبد الحميد مرسي وهو مقتبس من اختبار أمريكي يسمى (مقياس إرشاد منيسوتا).

يحتوي على (355) فقرة يجيب عليها المفحوص أما بالموافقة أو بعدم الموافقة وتتوزع على (7) مقاييس فرعية هي:

1- العلاقات المنزلية.

2- العلاقات الاجتماعية.

3- الثبات الانفعالي.

4- الشعور بالمسؤولية.

5- الواقعية.

6- الحالة المزاجية.

7- القيادة.

تم تقنين المقياس على عينة من طلبة المدارس الثانوية بلغ عدد أفرادها(400) طالباً وطالبة.

وتراوح الثبات لكل مقياس من المقاييس السبعة بين (0.73 -0.95) ومن نماذج فقراته:

- صحتي الجسمية جيدة كصحة معظم أصدقائي.

- أحب الاختلاط الاجتماعي مع الآخرين.

- عندما أجد نفسي بين مجموعة من الناس ألاقي صعوبة في انتقاء الكلام الذي أقوله.

- أشعر في معظم الأحيان أنني قد ارتكبت خطأ.

- أستطيع مجاراة الجو الاجتماعي بدرجة لا تقل عن المتوسط.

عاشراً- مقياس الصحة النفسية:

أعد هذا المقياس كل من عماد الدين إسماعيل وسيد عبد الحميد مرسى. وقد تم اقتباسه من اختبار كورنيل لتشخيص المصابين باضطرابات شخصية ويشتمل المقياس على (101) سؤالاً موزعة على (10) مجالات. ويجاب عن السؤال بـ (نعم أو لا) وقد تراوح ثبات المقياس بين (68و0- 90و0).

ومن نماذج فقراته:

- هل تود أن يكون بجانبك من ينصحك باستمرار؟

- هل تشعر بتعب شامل في جسمك؟

- هل يسيء الناس فهمك عادة؟

- هل تقوم دائماً بأعمالك نتيجة دافع مفاجىء؟

- هل تشعر الآن باضطراب أو دوخة؟

ومن الاختبارات النفسية التي وردت في مجلة الثقافة النفسية العدد الخامس عشر ـ المجلـد الرابع تموز (1993) صفحه (78- 91) (دليل الاختبارات النفسية). نذكر الاختبـارات التاليـة وأسـماء المعـدين لهـا ودور النشر.

اسم الاختبار	اسم معدل الاختبار	دار النشر
مقياس السلوك التكيفي	فاروق محمد صادق	الانجلو المصرية
مقياس السلوك التوافقي	صفوت فرج، ناهد رمزي	الانجلو المصرية
قائمة بل للتوافق	محمد عثمان نجاتي	= = =
مقياس المهارات الاجتماعية	السيد السمادوني	= = =
استبيان اسباب تعاطي المخدرات	عبد اللـه عسكر	= = =
مقياس نفسي لمفهوم الذات	صفوت فرج، سهير كامل	= = =
قائمة ويلوبي للميل العصبي	احمد عبد الخالق	= = =
مقياس وجهة الضبط	علاء الدين كفاني	= = =
اختبار دافعية التواد	إبراهيم قشقوش	= = =
اختبار الدافع المعرفي	حمدي الفرماوي	= = =
استبيان الحاجات النفسية للثبات	أنور محمد الشرقاوي	= = =
مقياس الإحساس بالوحدة النفسية	إبراهيم قشقوش	= = =
قائمة حالة - سمة القلق	أمينة كاظم	دار العلم/الكويت
قائمة الوساس القهرية	احمد عبد الخالق	الانجلو المصرية
مقياس مفهوم الذات للأطفال	عادل الأشول	= = =
اختبار مفهوم الذات المصور للأطفـال	إبراهيم قشقوش	= = =
مقياس الخجل الاجتماعي	السيد السمادوني	= = =
اختبار تقدير الذات للمراهقين والراشديـن	عادل عبد اللـه محمد	= = =
قائمة بيرنر وينر للشخصية	محمد عثمان نجاتي	= = =
مقياس قوة الأنا	علاء الدين كفاني	= = =
قائمة قلق الاختبار	نبيل الزهار	= = =
مقياس القلق للمكفوفين	عادل الأشول وعبد العزيز الشمص	الانجلو المصرية
مقياس التوافق الدراسي لطلاب الجامعة	نبيه ابراهيم اسماعيل	= = =
مقياس التفاعل السلوكي	عبد الهادي السيد عبده وفاروق السيد عثمان	= = =
مقياس القلق (A)	غريب عبد الفتاح (1987)	النهضة العربية القاهرة
استبيان التوافق الزواجي	عادل عزالدين الاشول	الانجلو المصرية
مقياس الأساليب المزاجية	عبد الهادي السيد عبده	= = =
الاستبيان الشامل للشخصية	عادل الأشول، ماهر الهـواري	= = =
قائمة الضغوط النفسية للمعلمين		= = =
مقياس الميل إلى المعاييـر الاجتماعية		= = =

اختبار التوجه الشخصي وقياس تحقيق الذات	طلعت منصور وفيولا البيلاوي	= = =
مقياس استخبار شخصية (13) سمة	علاء الدين كفاني	= = =
استبيان تقدير لشخصية الأطفال	طلعت منصور وفيولا	= = =
اختبار النمو الاخلاقي	مصطفى سويف ومحمد فرعلي	= = =
للمراهقين والراشدين	ممدوحة سلامه	
مقياس مفهوم الذات للأطفال	محمد السيد عبد الرحمن	= = =
في مرحلتي الطفولة الوسطى والمتأخرة	وعادل عبد الـلـه محمد	
القائمة العربية للمخاوف	طلعت منصور، حليم بشاى	دار المعرفة الجامعية
		الاسكندرية
قائمة مشكلات الشباب	احمد خيري حافظ	
مقياس قلق الامتحان		= = =
	محمد ماهر عمر	النهضة المصرية القاهرة
	ليلى عبد الحميد عبد	
اختبار تقدير الذات للأطفال	عبد الحافظ (1984)	= = =
اختبار الشخصية متعدد الأوجه	فاروق موسى، محمد دسوقي	= = =
اختبار الشخصية للأطفال	لويس كامل مليكه وآخرون	= = =
مقياس الزقازيق للاكتئاب	عطيه محمود هنا	= = =
اختبار القلق الدراسي للمرحلة الثانوية	منير فوزي، زينب المغربي	
	هاني الأمين، محمد سحلول حسنين	= = =
اختبار مفهوم الذات للصغار	الكامل (1984)	
	محمد عماد الدين إسماعيل	= = =
اختبار الدافع للإنجاز للأطفال والراشدين	محمد احمد غالي	= = =
اختبار مفهوم الذات للكبار	فاروق عبد الفتاح موسى	= = =
اختبار مركز التحكم للأطفال	محمد عماد الدين إسماعيل	النهضة المصرية/ القاهرة
اختبار مفهوم الذات للكبار	فاروق عبد الفتاح موسى	= = =
	محمد عماد الدين اسماعيل	= = =
اختبار مركز التحكم للأطفال		= = =
مقياس الشعور بالوحدة	فاروق عبد الفتاح موسى	
مقياس الصحة النفسية	عبد الرقيب البحيري 1984	= = =
(دليل كورنل)	محمد عماد الدين اسماعيل/	دار المعرف/القاهرة
اختبار ايزنك للشخصية للراشدين	سيد عبد الحميد موسى	= = =
اختبار المخاوف للأطفال		
اختبار قلق الامتحان		

اختبار تأكيد الذات	صلاح الدين ابو ناهيه(1989)	= = =
مقياس التوافق الدراسي	محمد عبد الظاهر الطيب(1980)	دار الفكر العربي
مقياس مارك نيمان للأمزجة	محمد عبد الظاهر الطيب	مكتبة سماح/طنطا
اختبار القيم	محمد عبد الظاهرالطيب	المطبعة العالمية
اختبار لدراسة الاضطرابات الوجدانية	حسين الدريني	
مقياس العلاقات الأسرية والتطابق	عبد الوهاب كامل	دار نشر الثقافة
بين أفراد الأسرة	عطية هنا	الإسكندرية, (دار اللهجة
قائمة التفضيل الشخصي	مصطفى فهمي	العالمية) المطبوعات الجديدة
	فتحي عبد الرحيم /حامد الفقي	
	محمد عبد الظاهر الطيب	كلية التربية/جامعة الملك عبد
اختبار لدراسة الاضطرابات الوجدانية		العزيز
اختبار قلق التحصيل	مصطفى فهمي	
مقياس الاستعداد الاجتماعي		النهضة المصرية
اختبار قياس خبرات الطفولة وعلاقتها بمشكلات التكيف	جابر عبد الحميد جابر	
اختبار روجرز لدراسه شخصية الأطفال	سيد عبدا لحميد مرسي	دار مصر للطابعة
اختبار الشخصية العاملي (ج)	مصطفى فهمي/ محمد غالي	الكويت: دار القلم
مقياس الصحة النفسية		الرياض, مطابع المدينة
	مصطفى فهمي	الكويت:وزارة التربية
اختبار الشخصية الثلاثي	رجاء أبو علام /ناديه شريف	النهضة العربية
	فائز محمد الحاج	النهضة العربية
اختبار الشخصية للشباب		= = =
اختبار الشخصية للمرحلة الثانوية	محمد احمد غالي/رجاء أبو علام	= = =
اختبار الشخصية السوية		= = =
اختبار إتمام الجمل	عطيه هنا / محمد سامي هنا	= = =
اختبار رسم الوقت	جابر عبد الحميد/يوسف الشيخ	
اختبار رسم الرجل	سيد غنيم/ محمد عصمت	
اختبار رسم الشجرة	محمد احمد النابلسي	
اختبار رسم الشخص		
اختبار الميول الجنسية		
اختبار كوخ لذكاء الأطفال		
اختبار الميول النفسية المرضية		

	= = =	اختبار بنتلي للقدرات الموسيقية
	= = =	اختبارات تورنس للتفكير الابتكاري
		اختبارات التفكير الابتكاري
		اختبارات ونج للذكاء الموسيقي
	مصطفى فهمي	اختبارات سيشور للقدرات الموسيقية
	محمد احمد النابلسي	اختبار الذكاء الأعداد
		لقياس الأداء اللفظي والأداء العددي
	آمال احمد مختار صادق	اختبار الذكاء العالي
	فؤاد أبو حطب وعبد الله سليمان	لقياس الذكاء العام
	عبد السلام عبد الغفار	اختبار التوافق الشخصي والاجتماعي
	آمال احمد مختار صادق	اختبار الشخصية المتعدد الأوجه
	امال احمد مختار صادق	اختبار مفهوم الذات الخاص
	السيد محمد خير	اختبار التشخيص النفسي
	السيد محمد خير	اختبار الشخصية
	عطيه محمد هنا	اختبار ساكس لتكملة الجمل
	عطيه محمد هنا	اختبار ذكاء الشباب اللفظي
	حامد زهران	اختبار الذكاء الإعدادي
	= =	اختبار الذكاء الثانوي
	محمد عثمان نجاتي	اختبار المصفوفات المتتابعة
	عبد العزيز سلامه	اختبار الذكاء المصور
	حامد زهران	اختبار كاتل للذكاء
	محمد خيري	
	اسماعيل قباني	
	فؤاد ابو حطب	
	احمد زكي صالح	
	احمد عبد العزيز سلامه	

ب- في العـــراق:

1- اختبار القدرة العقلية العامة:

اعد هذا الاختبار كل من احمد عبد العزيز سلامة وضياء الدين أبو الحب وقـد نشـرـ عـام (1969) في بغداد استمد الباحثان أكثر فقرات الاختبار من اختبار هينمون- نلسون لتقدير القـدرة العقليـة العامـة (Henmon- Nelson Test of Mental Ability.)، تضمن هذا الاختبار (90) فقرة ويمكن استخدامه من الصـف السادس وحتى المستوى الجامعي.

استخرج ثبات الاختبار بواسطة طريقه إعادة الاختبار حيث بلغ (0.89) وبطريقه نصـفي الاختبـار حيث بلغ (0.91). وفيما يلي بعض نماذج من فقرات الاختبار.

- أي هذه الأرقام أكبرها.

أ- 42316

ب- 17989

ج- 26895

د- 37897

هـ- 55755.

- لو رتبت الحروف التالية ج ع أ ل ت أ س ترتيبا صحيحا يتكون منها كلمة:

أ- استعجب

ب- عجلات

ج- استعمل

د- جالس على

هـ- استعجال

- ساعة ستون في دقيقة كل:

إذا رتبت هذه الكلمات لتكون جملة صحيحة فإن الحرف الأخير من الكلمة الأولى هو:

1- ل   2- ت   3- ي   4- ن   5- ق

- كلمة (يتقلص) هي ضد كلمة:

أ- يبرد   ب- يتقمص   ج - ينكمش   د- يتمدد   هـ- يسخن

2- قياس الاتجاه العلمي عند طلبة بعض الكليات في العراق:

أعد هذا المقياس نزار محمد سعيد العاني عام (1970) اقتباسا مـن المقياس المصري الـذي أعـده محمود عوض والذي كان يتألف من (69) موقفا وقـد اختصر الباحث العراقـي المقيـاس إلـى (23) موقفـا. بلغ الثبات (0.94).

3- بناء أداة لقياس دافعية المعلمين نحو مهنة التعليم:

أعد هذا المقياس نادية شعبان مصطفى عام (1978)، وهو يتألف من (72) فقرة تهدف إلى قيـاس الدافعية لدى المعلمين الذكور. بلغ الثبات (0.99).

4- قياس مفهوم الذات والاغتراب لدى طلبة الجامعة:

قام ببناء هذا الاختبار محمد الياس بكر عام (1979) يتكون المقياس من (76) فقرة وقد وضع أمام كل فقرة منها مدرج (1 2 3 4 5).

قام الباحث بإيجاد الصدق الظاهري للاختبار. والثبات حيث بلغ (0.83).

5- بناء مقياس لدافع الإنجاز الدراسي لدى طلبه المدارس الإعدادية:

قام ببناء هذا المقياس إبراهيم الكناني عام (1979)، وهو يتضمن (26) زوجا من الفقرات ويطلـب من المفحوص أن يختار فقرة واحدة من كل زوج يعتقد أنها تنطبق عليه أكـثر مـن الفقرة الأخـرى... بلـغ الثبات (0.86).

6- اتجاهات الطلبة الجامعيين وتصوراتهم لاتجاهات آبائهم نحو المساواة بين الجنسين:

أعد هذا الاختبار عبد الجليل مرتضى التميمي عام (1979)، وهو يتألف من خمسة مجالات هي:

أ- مجال التعليم.

ب- المساواة بين الجنسين في فرص العمل.

ج- المساواة بين الزوجين في الحقوق والواجبات قبل الزواج وبعده.

د- الاختلاط بين الجنسين.

هـ- خصائص الشخصية.

استخرج الباحث الثبات لكل مجال من المجالات الخمسة وقد تراوح بين (0.87 -0.98) يحتوي الاختبار على (151) فقرة صالحة للتمييز بين الأشخاص الذين يحملون اتجاها ايجابيا نحو موضوع المساواة بين الجنسين وأولئك الذين يحملون اتجاها سلبياً نحوه.

7- بناء مقياس لاتجاهات الطلبة الجامعيين نحو ممارسة المرأة للعمل:

أعد هذا المقياس احمد عبد اللطيف وحيد عام (1978). تألف المقياس من (68) فقرة نصفها يقيس اتجاها سلبياً والنصف الآخر يقيس اتجاها ايجابياً نحو عمل المرأة.

استخدم الباحث أسلوب الصدق الظاهري لإيجاد صلاحية المقياس، أما الثبات فقد بلغ (0.98).

8- مقياس التكيف الاجتماعي المدرسي لطلبة المرحلة الثانوية.

أعد هذا المقياس طارق محمود رمزي عام (1974). اشتمل المقياس على أربعة مجالات هي:

1- علاقة الطالب بالزملاء

2- علاقة الطالب بالمدرسين

3- موقف الطالب من أوجه النشاطات الاجتماعية المدرسية

4- موقف الطالب من المدرسة وعلاقته بإدارتها

تكون الاختبار من (88) فقرة وبلغ ثباته (0.92).

9- بناء مقياس لدراسة الميل إلى الدراسة الهندسية: أعدت هذا المقياس كريمة أسعد المفتي.

10- بناء مقياس للتكيف الاجتماعي لطلبه الدراسة الإعدادية: أعد هذا المقياس فيصل نواف عبد اللـه.

11- اتجاهات طلبة دور المعلمين والمعلمات في الفرق نحو مهنه التعليم: أعده طارق صالح إبراهيم.

ج- المغرب

ومن الاختبارات النفسية التي أجريت في المغرب:

1- بناء اختبار لذكاء الأطفال المغاربة (4- 14) سنه.

أعد هذا الاختبار فرفار العلي في كلية الآداب- فاس.

2- بناء مقياس مغربي لذكاء الأعمار (15- 25) سنه.

أعده (أمرشاد الغالي) كليه الآداب- فاس.

3- اختبار بقع الحبر (رورشاخ) وتعبيره على طلبة الثانوي.

أعده (أحرشاد الغالي) كلية الآداب- فاس).

الأسئلة

1- اذكر خمسة من الاختبارات النفسية التي استخدمت في كل من الأردن، مصر، العراق.

2- أعد طارق محمود رمزي مقياس التكيف الاجتماعي المدرسي لطلبة المرحلة الثانوية ليقيس أربعة مجالات. اذكر هذه المجالات.

3- اذكر ثلاثة من المقاييس النفسية التي أجريت في المغرب مع اسم الباحث الذي أعدها.

المراجــــــع

1- هنا (محمود عطية) - علم النفس الإكلينيكي - دار النهضة - القاهرة 1976.

2- ياسين (عطوف محمود) - علم النفس العيادي - دار العلم للملايين - ط 2- بيروت 1981.

3- الزوبعي (عبد الجليل إبراهيم) وآخرون - الاختبارات والمقاييس النفسية - العراق جامعة الموصل.

4- الحفني (عبد المنعم) - علم النفس في حياتنا اليوم، مكتبة مدبولي - القاهرة 1995 (موسوعة نفسين).

5- السيد (فؤاد البهو) الذكاء – دار الفكر العربي ط 4- القاهرة 1976.

6- جابر عبد الحميد جابر - الذكاء ومقاييسه - النهضة العربية - القاهرة 1975.

7- صالح (احمد زكي) علم النفس التربوي - النهضة المصرية - القاهرة 1972.

8- غنيم - (سيد محمد) - الاختبارات الاسقاطيه - دار النهضة - القاهرة 1980.

9- فهمي (مصطفى) - علم النفس الإكلينيكي - مكتبة مصر - القاهرة 1967.

10- يعقوب (إبراهيم) - دليل الاختبارات والمقاييس المستخدمة في الأبحاث التربوية في الأردن - جامعة اليرموك 1986.

11- دليل الاختبارات النفسية العربية - مجلة الثقافة النفسية - العدد الخامس عشر المجلد الرابع تموز 1993.

12- أبو حطب (فؤاد) ورفيقه - التقويم النفسي، مكتبه الانجلو المصرية ط 3،1979.

13- الخطيب (احمد حامد) ورفيقه - القياس التشخيصي في التربية الخاصة - ط 1 دار صفاء للنشر والتوزيع - عمان 2002.

14- صفوت (فرج) القياس النفسي - دار الفكر العربي - القاهرة 1980.

15- Anastasi, A , Psychological Testing- New Yourk – Macmillan 1968.

16- Cronbach – L J , Essential of psychological Testing , Newyork Harper & Row , 1960.

T0209871

Printed in the United States
By Bookmasters